李 政　姜宏锋　编著 ▶▶▶

采购过程控制

谈判技巧·合同管理·成本控制

CAIGOU
GUOCHENG KONGZHI

化学工业出版社
·北京·

本书首先对采购过程控制进行了整体分析，然后详细介绍了采购的谈判技巧、采购的合同管理以及采购成本的控制三方面内容。书末附有采购业务中常用的中英文词汇及短语对照。

本书涵盖采购管理的多个方面，实用性强，可供制造业、服务业、商业、政府部门、教育机构的管理者、采购经理、采购员，以及新入职的大中专毕业生，有志于从事采购管理的人士学习参考。

图书在版编目（CIP）数据

采购过程控制——谈判技巧·合同管理·成本控制/李政，姜宏锋编著.—北京：化学工业出版社，2010.1（2025.7重印）
ISBN 978-7-122-07167-5

Ⅰ.采… Ⅱ.①李…②姜… Ⅲ.采购-企业管理
Ⅳ.F274

中国版本图书馆CIP数据核字（2009）第213441号

责任编辑：陈　蕾　　　　　　　　文字编辑：冯国庆
责任校对：陈　静　　　　　　　　装帧设计：尹琳琳

出版发行：化学工业出版社（北京市东城区青年湖南街13号　邮政编码100011）
印　　装：北京机工印刷厂有限公司
720mm×1000mm　1/16　印张10½　字数191千字　2025年7月北京第1版第22次印刷

购书咨询：010-64518888　　　　　　售后服务：010-64518899
网　　址：http://www.cip.com.cn
凡购买本书，如有缺损质量问题，本社销售中心负责调换。

定　　价：28.00元　　　　　　　　　　　　　　版权所有　违者必究

前言
PREFACE

采购涵盖了从供应商到需求方之间的货物、技术、信息、服务流动的全过程。通过实施有效的计划、组织与控制等采购管理活动,合理选择采购方式、采购品种、采购批量、采购频率和采购地点,企业可以有限的资金保证经营活动的有效开展,在降低企业成本、加速资金周转和提高企业经营质量等方面发挥着积极作用。

随着市场竞争的加剧,企业从重视生产、营销已经逐步发展到重视采购、物流和供应链的时代。可以毫不夸张地说,采购竞争优势已经成为企业竞争力的一部分。采购流程是否规范,采购效益与效率的高低,直接决定企业的盈利能力和市场竞争力,决定企业的生存和发展。然而,人们对采购的理解往往局限于"购买"和轻松的"花钱办事",似乎与企业经营的战略和管理的绩效无多大的关系,与理财及人才专业和职业素质更无直接的联系。这种不合乎国际运营规范的理念和封闭无知的认识,极大地影响了相当一部分企业的经营业绩和管理效率。

如果我们再不重视采购体系的建立、流程的规范,如果我们的采购人员仍局限于原始落后的人为行事、缺乏职业专长和管理素质,那么我们的企业也将陷于缺乏效益的市场局面和被动淘汰的危险境地。

当然,有许多管理者也想建立完善的采购管理系统、全面提升采购人员的素质,却无从着手。组织人员参加专业培训,又花时间又费钱;购买一些书籍来边学习边运用,却找不到合适的、成体系的、实操性强的管理图书。我们在开展企业管理咨询过程中,就常常碰到这样的老板、采购经理、采购员,他们建议我们将自己的实战经验积累编辑成书，让更多的企业、更多的人花最少的钱学习到最好的东西。几经思考，我们决定把自己十几年来的辅导经验和手头上的培训资料，整理成册，最后策划成一个采购管理书系，该书系由《采购主管工作手册》、《采购部规范化工作指南》、《采购过程控制——谈判技巧·合同管理·成本控制》、《采购管理必备制度和表格》组成。

该书系涵盖采购管理的方方面面，实用性非常强，可供制造业、服务业、零售业、商业、政府部门、教育机构的管理者、采购经理、采购员，以及新入职的大中专毕业生，有志于从事采购管理的人士学习参考。其中，《采购部规范化工作指南》和《采购管理必备制度和表格》两书由图书＋DIY实操光盘文件组合而成。DIY实操光盘文件可供使用者阅读、检索、打印、复制、下载，根据机构与企业的自身需要进行个性化修改。

在本书编写整理过程中，获得了许多朋友的帮助和支持，其中参与编写和提供资料的有杨吉华、严凡高、王能、李政、李亮、李锋、陈锦红、姜宏锋、陈小兵、杨丽、吴定兵、朱霖、段水华、朱少军、赵永秀、邵小云、李冰冰、赵建学、江美亮、唐永生、刘建伟，最后全书由匡仲潇统稿、审核完成。在此对他们一并表示感谢！

由于作者水平所限，书中疏漏之处在所难免，恳请广大读者批评指正。

编著者
2009 年 9 月

目录 CONTENTS

导读 采购过程控制分析

- 一、采购过程 …… 2
- 二、采购行业类别 …… 3
- 三、采购实施人员 …… 4

第一章 采购过程控制：谈判技巧

第一节 采购谈判的内容与程序 …… 10
- 一、采购谈判的内容 …… 10
- 二、采购谈判的流程 …… 14

第二节 采购谈判规划与准备 …… 18
- 一、采购谈判规划 …… 18
- 二、采购谈判准备 …… 21

第三节 采购谈判的过程控制 …… 26
- 一、有礼貌地相互介绍 …… 27
- 二、立场表现要明确 …… 28
- 三、议程中遵循三原则 …… 30
- 四、选择适当的谈判方式 …… 31
- 五、僵局一定要打破 …… 33
- 六、谈判结束时的掌握 …… 35

第四节 采购谈判策略与技巧 …… 35
- 一、把握准谈判对手的性格 …… 36
- 二、不同优劣势下的谈判技巧 …… 38
- 三、采购谈判的沟通技巧 …… 40
- 四、采购谈判的禁忌 …… 43

第五节 采购价格谈判 …… 46
- 一、影响采购价格的因素 …… 46
- 二、采购询价 …… 48
- 三、供应商报价 …… 52
- 四、价格确定 …… 54

第六节 采购压价技巧 54
一、还价技巧 55
二、杀价技巧 56
三、让步技巧 57
四、讨价还价技巧 57
五、直接议价技巧 60
六、间接议价技巧 60

案例及分析 某企业生产线采购的
谈判 61
某国外政府采购招标的投标谈判 64

第二章 采购过程控制：合同管理

第一节 订立合同 68
一、签订采购合同的步骤 68
二、确保合同有效性的条件 69
三、签订采购合同的注意事项 70

第二节 采购合同的形式 72
一、开头 72
二、正文 73
三、结尾 77

第三节 采购合同管理 78
一、履行采购合同的督导 78
二、采购合同的修改 80
三、采购合同的取消 80
四、采购合同的终止 81

第四节 设备采购合同 83
一、设备采购合同的定义和特点 83
二、设备采购合同范本 83

第五节 物料采购合同 86
一、物料采购合同的定义和特点 86
二、物料采购合同的范本 87

第六节 原材料采购合同 92
一、原材料采购合同的定义和特点 92
二、原材料合同范本 92

第七节　ODM 合同 ·············· 94
　　一、ODM 合同的定义和特点 ·············· 94
　　二、ODM 合同范本 ·············· 95
第八节　政府采购合同 ·············· 102
　　一、政府采购合同的定义和特点 ·············· 102
　　二、政府采购合同范本 ·············· 102

第三章　采购过程控制：成本控制

第一节　采购成本分析 ·············· 108
　　一、企业采购支出成本观 ·············· 109
　　二、采购价格成本观 ·············· 111
　　三、成本控制手法 ·············· 113
第二节　通过 VA/VE 分析采购成本 ·············· 115
　　一、何谓 VA/VE ·············· 115
　　二、价值分析工作运作步骤 ·············· 116
　　三、采购过程价值分析的案例 ·············· 118
第三节　产品周期成本分析 ·············· 119
　　一、产品周期 ·············· 119
　　二、产品周期对采购成本影响 ·············· 120
　　三、产品采购周期案例分析 ·············· 121
　　四、产品所处生命周期测定 ·············· 122
第四节　目标成本法降低采购成本 ·············· 123
　　一、目标成本法 ·············· 123
　　二、目标成本法的采购意义 ·············· 124
　　三、目标成本法案例分析 ·············· 124
　　四、目标成本法运作步骤 ·············· 125
第五节　早期供应商参与 ·············· 125
　　一、早期供应商参与的定义与目的 ·············· 125
　　二、早期供应商参与的优点 ·············· 126
　　三、早期供应商参与的层次 ·············· 127
　　四、早期供应商参与案例 ·············· 128
　　五、供应商早期参与的条件 ·············· 128

第六节 集权采购降低采购成本 …………… 129
一、集权采购 ……………………………………… 129
二、集权采购的优点 ……………………………… 130
三、集权采购的实施 ……………………………… 131
四、集权采购实施案例 …………………………… 131
五、集权采购的雷区 ……………………………… 132

第七节 招标采购降低成本 ………………… 134
一、招标采购 ……………………………………… 134
二、招标采购的成本意义 ………………………… 134
三、招标采购的实施 ……………………………… 135
四、招标书 ………………………………………… 135
五、招标采购案例 ………………………………… 136

第八节 采购成本控制A、B、C法 ……… 137
一、物料ABC法 ………………………………… 137
二、ABC分类标准 ………………………………… 138
三、ABC分类的采购 ……………………………… 138

第九节 Lot for Lot（按需订货）
降低成本 ………………………………… 140
一、Lot for Lot采购 ……………………………… 140
二、按需订货的前提 ……………………………… 141

第十节 固定期采购控制成本 ……………… 141
一、何谓定量采购 ………………………………… 141
二、定量采购的优点 ……………………………… 142
三、定量采购的缺点 ……………………………… 142
四、定量采购的实施 ……………………………… 143

第十一节 固定批量采购控制成本 ……… 143
一、定期采购的含义 ……………………………… 143
二、定期采购的优点 ……………………………… 144
三、定期采购的缺点 ……………………………… 144
四、定期采购的实施 ……………………………… 145

第十二节 经济性批量采购成本法 ……… 145
一、经济性批量 …………………………………… 145
二、经济性订货点计算 …………………………… 146

三、案例分析 ······· 147
　　四、EOQ 适用范围 ······· 147
　　五、不足和缺陷 ······· 148

附录　采购专业常用英语

　　一、英文缩写对照 ······· 150
　　二、英语术语对照 ······· 151
　　三、应用英语范例 ······· 152

参考文献 ······· 155

导 读
采购过程控制分析

- ◆ 一、采购过程
- ◆ 二、采购行业类别
- ◆ 三、采购实施人员

所谓的采购,简单而言,是指买方将"货币"转让给"卖方",而卖方将"货品"转移给"买方"。在买卖双方的交易过程中,一定会发生"所有权"(Ownership)的转移及占有,但同时买方一定要先具备支付能力。从管理学的角度来看,采购是指企业或者组织在一定的条件下,从供应市场获取产品或服务作为企业或者组织的资源,以保证企业与组织生产、经营、管理日常活动正常开展的一项企业经营、组织管理的活动。采购是一个商业性质的有机体为维持正常运转而寻求从体外摄入的过程。

采购过程,即企业或者组织实现物质从体外摄入体内的过程;采购过程控制,即为实现这一目标而实施的各种管理方式。因此,采购不但涉及需求方,也涉及供货方。

一、采购过程

(一)采购过程

采购过程即买卖双方交易愿望达成的过程,根据复杂度而表现出不同的构成程度。而最简单的采购莫过于市民市场上买菜。而买菜也需要具备一定的过程,其过程如下图所示。

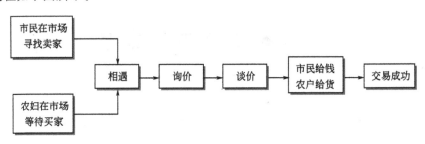

买菜过程

而企业采购的实现过程相对复杂,但也基本上遵循找、问、谈、成交四步骤,如下图所示。

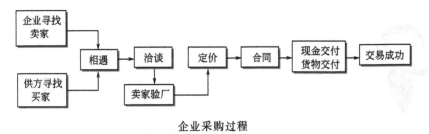

企业采购过程

（二）采购过程的复杂度

从以上两个采购过程可知道，企业的生产经营采购与市民的日常生活采购相比，其复杂度表现在以下五个方面。

- ◆ 需求量大、物质种类多，实际操作复杂。
- ◆ 过程程序复杂，为了确保供应链与销售链的稳定性，双方都需要对对方实施严格考评。
- ◆ 各自为了追求最大的利润空间，谈判空前激烈。
- ◆ 操作的复杂必然带来成本巨额耗用，成本核算显得至关重要。
- ◆ 为了保证交易的合法性，合同成为一个必不可少的环节。

（三）采购过程控制管理

由于企业采购的复杂度，企业需要对采购的过程实施严密的控制管理。而这些过程则包括：谈判、签约以及采购成本的控制，其相对应建立的管理系统如下。

采购过程控制三系统：
◇ 采购谈判管理系统
◇ 采购合同管理系统
◇ 采购成本控制系统

随着零售业的兴起，大型零售商企业也开始专注采购的管控。比如沃尔玛、家乐福等大型超市均有严格采购控制系统；而政府性采购由于批量性大，开始采用集中采购的方式；一些专注于销售性的中转公司，也把采购看成是降低成本的有效手段。因此行业不同，各行业的采购控制细节也不尽相同。

二、采购行业类别

由于行业不同，采购控制方法也不尽相同。所以在认识采购过程三系统时，我们必须了解采购行业的类别，其具体类别如下表所示。

采购行业的分类

序号	种类	定义	特点	实例
1	企业采购	专指工厂制造性企业的采购,主要采集产品制造的原材料与配件	采购量大、采购品种单一且固定	汽车制造商主要采购的是汽车配件,比如轮胎、车门等的采购管理
2	商业采购	专指大型超市、零售商的对外采购,主要采集日常营销用品	采购种类多、采购范围广、采购持久性长	沃尔玛、家乐福等大型零售商实施超市物料的采购
3	政府采购	指行政事业部门的对外采购,主要采集日常办公用品、社会救济物质以及粮油的战略储备物质	采购效率高、集中、量大	汶川大地震过后,国务院进行的帐篷、棉被、药品的采购
4	中转采购	专指一些销售性企业的对外采购,主要由销售任务与市场情况来确定采购物质	采购范围大、采购量小、采购品种不固定	贸易性公司主要采集物料为贸易常用物质,如服装、家电类贸易产品

三、采购实施人员

采购系统的实施人员即供销双方的参与人员在采购过程控制中具有绝对作用。因此,我们还必须了解采购实施的人员配置与职责。

在实际的采购实施中,采购的行业不同并不影响采购过程的控制方法。一般来说,所有需求企业(除政府采购)都建立了采购部门来执行采购事务。只有部门内的采购人员都明确了各自的相应职责,才能确保采购事务的顺利进行。而所有的供方企业,一般都建立销售部,以方便与需求部门的联络,确保合作意向的达成。我们首先应知晓供需双方采购事务人员的配置与职责,其具体内容如下。

(一)供需双方采购实务人员配置

1. 需方采购事务人员配置(如下图所示)

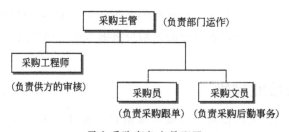

需方采购事务人员配置

2. 需方销售事务人员配置（如下图所示）

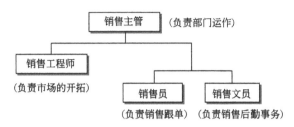

需方销售事务人员配置

（二）供需双方采购事务人员的职责

1. 供方采购事务人员的职责

（1）采购主管的职责

① 负责本部门的日常管理运作。

② 负责本部门的采购任务的达成、库存周转预算。

③ 指导采购员开展工作，并完成每年的采购任务和库存控制指标。

④ 发展与供应商的业务关系。

⑤ 督促落实每期采购计划，审核采购品项和价格。

⑥ 制定新商品引进计划和旧商品汰换计划并监督落实。

⑦ 负责采购合同的签署。

⑧ 负责采购成本的控制。

（2）采购工程师的职责

① 主要原材料的估价。

② 供应商材料样板的品质初步确认。

③ 供应商的评审。

④ 材料样板的初期制作与更改。

⑤ 替代材料的搜寻。

⑥ 采购部门有关技术、品质文件的拟制。

⑦ 与技术、品质部门有关技术、品质问题的沟通与协调。

⑧ 与供应商有关技术、品质问题的沟通与协调。

⑨ 采购成本的评估。

（3）采购员的职责

① 贯彻执行公司的质量方针、目标和各项管理制度。

② 负责市场调研，提供符合公司要求的供应商名单，并建立合格的供方档案。

③ 执行询价、比价、议价制度，努力降低采购成本。

④ 对商务谈判、采购进度、质量检验等全过程负责；按时完成采购任务，保证生产的正常进行。

⑤ 办理部分需要现金采购物资的个人借款和采购货款的结算手续。

⑥ 负责不合格品的处理。

⑦ 对采购业务进行汇总、分析，需要时向管理层提供采购报告。

⑧ 负责供应商的管理，与供应商维持健康、良好的商业合作关系；协助公司法律顾问，处理与供应商的各种纠纷。

⑨ 参与合同评审，配合有关部门做好报价、采购成本、交货期方面的方案。

⑩ 参与设计评审，配合研发部门开发新产品供应商。

⑪ 协助采购主管做好采购成本控制。

(4) 采购文员的职责

① 负责收发各种文件、信件、公文、请购单、采购单，并及时交给经理审阅批示，做到不积压、不拖延各类文件。

② 做好各类文件的登记与存档，做好往来业务单据的登记，并协助领导检查采购过程。

③ 接听电话，并认真细致做好记录；接待来访客人，文明待客；做好会议记录及存档。

④ 协调采购主管与采购工程师，并做好采购成本核算。

⑤ 做好合格供应商的档案管理。

⑥ 做好采购合同的管理。

2. 需方销售事务人员的职责

(1) 销售主管的职责

① 制定销售计划。

② 确定销售政策。

③ 设计销售模式。

④ 销售渠道与客户管理。

⑤ 财务管理、防止呆账坏账对策、账款回收。

⑥ 销售情况的及时汇总、汇报并提出合理建议。

⑦ 销售合同的签署。

⑧ 销售价格的确定。

⑨ 控制销售成本，促使销售利润最大化。

⑩ 负责与采购方主管面对面的谈判。

(2) 销售工程师的职责
① 系统整合客户资源、疏通销售渠道，全面负责产品的推广与销售。
② 掌握客户需求、建设渠道、主动开拓；完成上级下达的任务指标。
③ 独立完成项目的策划与推广，建立和维护良好的客户关系。
④ 掌握市场动态，并及时向领导汇报行情。
⑤ 项目合同的策划与撰写，以及负责产品的检验、交付。
⑥ 稳固老客户，发掘新客户。
⑦ 完善客户管理体系和市场竞争体系。
⑧ 评估、预测和控制销售成本，促使销售利润最大化。
⑨ 积极与相关部门沟通协调，促使生产与销售过程最优化。
⑩ 根据企业整体销售计划与战略，制定自身的销售目标与策略。

(3) 销售员的职责
① 与客户建立良好的关系，宣传和维护公司形象。为客户提供主动、热情、满意、周到的服务。
② 负责在公司授权的范围内进行业务洽谈，与客户签订销售合同，督促合同正常如期履行，及时催讨所欠应收款项。
③ 负责月度销售计划和资金回收计划的编制工作，不折不扣地完成各项销售指标和相关的销售报表。
④ 负责对销售成绩的统计与分析；按月填写"出差业绩表"。
⑤ 负责对办事处账、物的核对和各客户单位的往来账核对，建立业务往来台账。防止错账、漏账的发生。
⑥ 负责做好每半年一次的"客户走访报告"和一年一次的"用户满意度调查表"。
⑦ 收集一线营销信息和用户意见，对公司营销策略、广告、售后服务、产品改进、新产品开发等提出参考意见。
⑧ 负责对同行业、客户、市场环境进行调研，对产品市场的销售潜力进行调查和分析。掌握市场动态，积极适时、有效地开辟新的客户，拓宽业务渠道，不断扩大公司产品的市场占有率。
⑨ 负责做好产品的售后服务工作，并定期走访客户，及时处理好客户的投诉。从而确保客户满意，提高企业信誉度。
⑩ 负责与对方采购人员的接洽。
⑪ 负责对方采购订单的跟踪。

(4) 销售文员的职责
① 参与公司销售活动方案的设计、策划、实施与业务管理。
② 负责编制公司年度促销活动预算；提交年度促销方案；制定与协调各区

域促销活动推进时间与方案选择。

③ 接听电话，并认真细致做好记录；接待来访客人，文明待客；做好会议记录及存档。

④ 负责制定公司公共关系计划与实施方案，策划与组织实施公关活动。

⑤ 负责销售活动的方案管理与文档备案；评估活动效果；提交季度促销活动分析报告。

⑥ 负责销售合同的保管。

⑦ 协助销售主管做好销售成本的核算。

第一章
采购过程控制：谈判技巧

- ◆ 第一节　采购谈判的内容与程序
- ◆ 第二节　采购谈判规划与准备
- ◆ 第三节　采购谈判的过程控制
- ◆ 第四节　采购谈判策略与技巧
- ◆ 第五节　采购价格谈判
- ◆ 第六节　采购压价技巧

引 言

何谓谈判？
——"谈判"者,"协商"也,"交涉"也。

采购谈判而非市场上买菜式"讨价还价",成功的谈判,是一种买卖双方经过计划、检讨及分析的过程达成互相可接受的协议或折中方案。而这些协议或折中方案里包含了所有交易的条件,并非只有价格。采购谈判中折中方案的目的则是：

追求双赢

因为谈判不同于球赛或战争,在球赛或战争中只有一个赢家,另一个则是输家；而在成功的谈判里,双方都是赢家,只是一方可能比另一方多赢一些,即谈判技巧较好的一方将会获得较多的收获。

第一节 采购谈判的内容与程序

采购谈判作为商务谈判的一种,遵循商务谈判的规则；采购谈判却又别于商务谈判。这关键在于谈判内容的不同。

一、采购谈判的内容

采购谈判是围绕采购商品而进行洽谈,因而商品的品种、规格、技术标准、质量保证、订购数量、包装要求、售后服务、价格、交货日期与地点、运输方式、付款条件成为谈判的焦点（如下图所示）。而下面则是对谈判内容的具体描述。

采购谈判的焦点

(一) 物品品质

1. 物品品质的规定

谈判双方首先应当明确双方希望交易的是什么物品。在规定物品品质时,可以用规格、等级、标准、产地、型号和商标、产品说明书和图样等方式来表达;也可以用一方向另一方提供物品实样的方式来表明己方对交易物品的品质要求。

在谈判时,采购人员对质量的定义应理解为:"符合买卖双方所约定的要求或规格就是好的质量"。故采购人员应设法了解供货商本身对商品质量的认知或了解的程度,而管理制度较完善的供货商应有下列有关质量的文件。

- ◆ 产品规格说明书 (Product Specification)
- ◆ 品管合格范围 (Acceptable Qualitylevel)
- ◆ 检验方法 (Testing Methods)

2. 质量的表示方法

在谈判中,采购人员要尽量向供货商取得有关质量的资料,以利未来的企业交易。通常在合约或订单上,质量是以下列方法的其中一种来表示的。

- ◆ 市场上商品的等级
- ◆ 品牌
- ◆ 商业上常用的标准
- ◆ 物理或化学的规格
- ◆ 性能的规格
- ◆ 工程图

- ◆ 样品（卖方或买方）
- ◆ 以及以上的组合

采购人员在谈判时应首先与供货商对商品的质量达成互相同意的质量标准，以避免日后的纠纷，甚至法律诉讼。对于瑕疵品或在仓储运输过程中损坏的商品，采购人员在谈判时应要求供应商退货或退款。

（二）物品价格

1. 物品价格的表示方式

在国内货物买卖中，谈判双方在物品的价格问题上，主要是对价格的高低进行磋商；而在国际货物买卖中，物品价格的表示方式，除了要明确货币种类、计价单位以外；还应明确以何种贸易术语成交。

2. 物品价格的谈判

价格是所有谈判事项中最重要的项目。企业在客户心目中的形象就是高质量低价格。若采购人员对其所拟采购的任何商品，以进价加上本公司合理的毛利后，并在采购员判断该价格无法吸引客户的购买时，就不应以该价格向供货商采购。

（1）谈判前　在谈判之前，采购人员应事先调查市场价格，不可凭供货商片面之词而误入圈套。如果没有相同商品的市价可查，应参考类似商品的市价。

（2）谈判时　在谈判价格时，最重要的就是要能列举供应商产品，经由企业销售的好处，如下表所示。

供应商产品经由企业销售的好处

序号	好处	备注
1	大量采购	
2	铺货迅速	
3	节省运费	
4	稳定人事，付款	
5	清除库存	
6	保障其市场	
7	沟通迅速	
8	付款迅速，并减少应收账款管理费用	
9	不影响市价	
10	外销机会	
11	齐步茁壮	

价格谈判是所有商业谈判中最敏感的，也是最困难的项目。但愈是困难的项目，愈令人觉得具有挑战性。这也是采购工作特别吸引人之处，因此采购人员应认清这一点，运用各种谈判技巧去达成这项艰巨的任务。

（三）物品数量

在磋商物品数量条件时，谈判双方应明确计量单位和成交数量。必要时可订立数量的机动幅度条款，在定量不太多的时候，订购量往往很难令供货商满意。所以在谈判时，采购人员应尽量笼统，不必透露明确的订购数量。如果因此而导致谈判陷入僵局时，应转到其他项目谈。

在没有把握决定订购数量时，采购人员不应采购供货商所希望的数量。否则一旦存货滞销时，必须降价出清库存，从而影响利润的达成并造成资金积压及空间浪费。

（四）物品包装

1. 物品包装的种类

包装可分为两种："内包装"（Packaging）和"外包装"（Packing）。内包装是用来保护、陈列或说明商品之用，而外包装则仅用在仓储及运输过程中的保护。

2. 物品包装的设计

外包装若不够坚固，仓储运输的损坏就会太大，从而会降低作业效率，并影响利润；外包装若太坚固，则供货商成本高，采购价格势必偏高，从而会导致商品的价格缺乏竞争力。

设计良好的内包装往往能提高客户的购买意愿，加速商品的回转。而国内生产的产品在这方面比较差，采购人员应说服供货商在这方面进行改善，以利彼此的销售。

3. 物品包装的谈判

基于以上的理由，采购人员在谈判物品包装的项目时，应协商出对彼此都最有利的包装；否则不应草率订货。

对于某些商品若有销售潜力，但却无合适的自选式量贩包装时，采购人员应积极说服供货商制作此种包装，来供本公司销售。

（五）交货

一般而言，对于采购方来说，交货期愈短愈好。因为交货期短，订货频率就会增加、订购的数量就相对减少、存货的压力也大为降低、仓储空间的需求也相对减少。对于有长期承诺的订购数量，采购人员应要求供货商分批送货，从而可以减少库存的压力。

（六）保险条件

买卖双方应明确由谁向保险公司投保、投何种险别、保险金额如何确定、依据何种保险条款办理保险等。而采购员在谈判时，必须将此内容列举进去。

（七）货款

1. 货款支付方式

货款的支付主要涉及支付货币和支付方式的选择。在国际货物买卖中使用的支付方式主要有：汇付、托收、信用证等。不同的支付方式，买卖双方可能面临的风险大小不同。因此在进行谈判时，需根据情况慎重选择。

2. 货款支付的条件

在国内一般供货商的付款条件是月结 30～90 天。因此采购人员应计算出对本企业最有利的付款条件。在正常情况下，供需双方的付款作业是在单据齐全时，即可按买卖双方约定的付款条件进行结算。

（八）后续服务

这有利于买卖双方预防和解决争议、保证合同的顺利履行、维护交易双方的权利；这也是国际货物买卖谈判中，必然要商议的交易条件。

二、采购谈判的流程

采购谈判遵循问、发、还、接、签约五个流程进行，如左图所示。

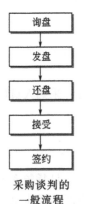

采购谈判的一般流程

（一）询盘

询盘，是交易一方为出售或购买某项商品，而向交易的另一方询问该商品交易的各项条件。

1. 目的

主要是寻找买主或卖主，而不是同买主或卖主洽商交易条件；有时只是对市场的试探。

2. 询盘对象

询盘对象各有差异，其具体内容如下。

◆ 在国内贸易中，询盘一般没有特定的询盘对象。通常是利用报纸、广播、电视公开询盘。

◆ 在国际贸易中，由于距离远、信息传递不方便，一般有特指的询盘对象。

3. 询盘方式

询盘可以是口头方式，也可以是书面方式，它无约束性，也没有固定格式。

（二）发盘

1. 发盘的定义

发盘就是交易一方为出售或购买某种商品，而向交易的另一方提出买卖该商品的各种交易条件，并表示愿意按这些交易条件订立合同。发盘可以由采购方发出，也可以由供应方发出，但多数由供应方发出。

2. 发盘的分类

按照受盘人接到发盘人发出的物品销售信息后，是否承担订立合同的法律责任来分，发盘可以分为实盘和虚盘。如果双方均表示可以接受，交易即告达成；如果在发盘的有效期内，受盘人尚未表示接受，发盘人不能撤回或修改实盘内容。

（1）实盘　实盘一般应具备四项条件，如下图所示。

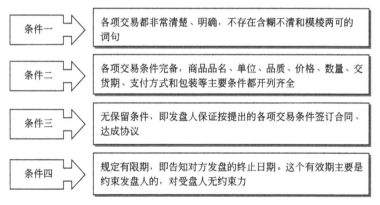

（2）虚盘　虚盘是指对发盘人和受盘人都没有约束力的发盘。对虚盘，发盘人可随时撤回或修改内容。收盘人如果对虚盘表示接受，尚需发盘人最后确认，才能成为对双方都有约束力的合同。

虚盘一般有以下三个特点。

◆ 在发盘中有保留条件，如以原材料价格没有变动为准，以我方明确确认为准，或标注说明如仅供参考等。它对发盘人不具约束力，受盘人若要接受这一发盘，必须得到发盘人的确认。

◆ 发盘内容模糊，不作肯定表示。如价格为参考价、商品价格视数量多少给予优惠等。

◆ 缺少主要交易条件。有些发盘虽然内容明确、肯定，但没有列出必须具备的交易条件，如价格、数量、交货期等，也属于虚盘性质。

（三）还盘

1. 还盘的定义

还盘是指受盘人在接到发盘后，对发盘内容不同意或不完全同意，反过来向发盘人提出需要变更内容或建议的表示。

2. 还盘的注意事项

按照这一规定，在原受盘人还盘时，实际上就是要求原发盘人答复是否同意原受盘人提出的交易条件。这样原受盘人成了新的发盘人，其还盘也成了新发盘；而原发盘人成了受盘人，因而原发盘人的发盘随之失效。作为原发盘人，此时应注意：

（1）一方面要明确自己的实盘已经失效可不受约束了，另一方面要分析对方的还盘是实盘还是虚盘；

（2）若接受对方的是实盘，当然要求对方履约，但要注意对方有时发来的只是貌似还盘，其实不是还盘，那么自己的实盘就并未失效。比如，当对方提出某种希望、请求时，在法律上不构成还盘。发盘人即使同意这些"希望"、"请求"仍不表明实盘失效。

因此，发盘人一定要能判断出对方的表示是否真正构成还盘，以避免由于判断错误而发生纠纷或处于被动地位。

3. 再还盘

发盘人如果对受盘人发出的还盘提出新的意见，并再发给受盘人，叫做再还盘。而在国际贸易中，一笔交易的达成，往往要经历多次还盘和再还盘的过程。

（四）接受

1. 接受的定义

接受是交易的一方在接收另一方的发盘后，表示同意。接受在法律上称为承诺，一项要约（发盘）经受约人有效的承诺（接受），合同才能成立。

2. 接受构成的基本条件

构成一项有效接受，应具备以下几项基本条件。

（1）接受必须是无条件的　所谓无条件是指受盘人对一项实盘无保留地同意，即接受的内容必须同对方实盘中所提出的各项交易条件严格保持一致，否则就不能表明为有效接受。

例如，受盘人在向发盘人表示接受时，又同时对价格、支持、运输等主要条款以及责任范围、纠纷处理程序等具有实质性的内容提出不同意见，则表明受盘人不是无条件的，因而不能表明是接受。

（2）接受必须在一项发盘的有效期限内表示　一般来说，逾期接受是无效的。但特殊情况则要具体考虑以下两点。

① 如受盘人在有效期限最后一天表示接受，而这一天恰好是发盘人所在地的正式假日或非营业日，使"接受"不能及时传到发盘人的地址等。这种情况下发生的逾期接受，可以认为是有效的。

② 如果发盘人同意对方的逾期接受，并立即用口头或书面形式通知对方，那么此项逾期接受仍可有效。

总之，一项逾期接受是否最终有效，取决于发盘人的态度。

（3）接受必须由合法的受盘人表示　这一点是对明确规定了特定受盘人的发盘而言。一项发盘可向特定的人提出，比如向某人、某单位或其代理人提出；也可向不特定的人提出，如在报刊上公开发盘。

向特定的人提出的发盘，接受的表示人必须是发盘指定的受盘人。只有指定的受盘人所表示的接受才构成有效接受，任何第三者对该发盘所表示接受均无法律效力，发盘人不受约束。

（4）接受必须以声明的形式或其他行业的形式表示并传达到发盘人　受盘既然表示接受，则必须以一定的表示形式来证明：

◆ "声明"——用口头或书面文字表示。
◆ 其他行为——按照发盘的规定或按照双方已确定的习惯做法（惯例），比如以支付货款、发运货物等形式表示接受。

（五）签约

采供双方通过交易谈判，一方的实盘被另一方有效接受后，交易即达成，但一般都应通过书面合同来确认。

由于合同双方签字后就成为约束双方的法律性文件，双方都必须遵守和执行合同规定的各项条款。任何一方违背合同规定，都要承担法律责任。因此，合同的签订，也是采购谈判的一个重要环节。如果这一环节发生失误或差错，就会给以后的合同履行留下引起纠纷的把柄，甚至会给采购方带来重大损失。

第二节　采购谈判规划与准备

成功的谈判必须从妥善的规划开始，因此，首先要做好谈判整体规划。

一、采购谈判规划

（一）做好预测

如果要做预测，则不能遐想，而要在以下工作上下工夫。

1. 尽快取得由供应商提供的协助

供应商对产品的了解，通常比买方多。因此采购员最好要求供应商给予技术、管理、财务等方面的协助。

2. 预测好订购量

收集过去使用量的资料，作为未来订购量的参考。同时有了过去及未来的详细采购资料，有助于在谈判时得到较大的折扣。

3. 掌握特殊重大事件

如能掌握有关天灾、坏天气、关税、法令、运输状况等重大事件，将可更准确预测合理价格而于谈判桌上居于优势。而这些重大事件除了从报纸杂志收集外，还可从销售人员处得知。

4. 注意价格趋势

对于价格趋势应注意以下两点。

◆ 过去供应商有多少产品项目价格上涨（何时、上涨幅度、通报方式）。
◆ 比较供应商的价格上涨模式与该产业的模式（是否比同行业涨得快、涨得多）。

（二）学习谈判模式

掌握好谈判模式，将有利于谈判。而从模式所获得的资讯中学习谈判的问题、对象及内容,则是谈判成功的关键。采购员应知道所谓的资讯分为容易得到(少花钱及时间)的资讯与不易得到的资讯(多花钱及时间),其具体内容如下。

1. 易得到的资讯

易得到的资讯可参考下表。

易得到的资讯分类

序号	种类	获得处
1	谈判及价格的历史资料	找出供应商谈判技巧的倾向;供应商处理上次谈判的方式
2	产品与服务的历史资料	价格的上涨有时是隐含于品质及服务水准的降低。工程部门及使用该产品的制造部门不难揭发实情,此点可作为谈判的筹码
3	稽核结果	通过会计或采购稽核可发现待加强控制之处(例如供应商常发生错误的账款)
4	最高指导原则	挟公司政策、政府法令和过去发生的先例,以增强谈判力
5	供应商的营运状况	通过供应商的销售人员及竞争能力,可了解供应商的问题与优劣势,知己知彼才能百战百胜
6	谁有权决定价格	收集谈判者的个人资料加以运用(卖方通常较易对陌生人抬高价格)
7	掌握关键原料或关键因素	运用80/20原理。对非紧要项目,可予退让;对重要项目紧守谈判原则
8	利用供应商的情报网络	可从销售人员处得到一些有价值的资讯,例如价格趋势、科技的重要发明、市场占有率、设计的改变等

2. 不易得到的资讯

不易得到的资讯可以参考以下内容。

(1)寻求更多的供应来源(包括海外) 即使仍向原来的供应商采购,但更多的供应来源可增强议价能力。

(2)有用的成本、价格资料与分析 良好的成本、价格分析可提供有效的采购谈判工具。必要时应借助于成本分析师,这是一种投资而非成本。

(3)供应商的估价系统 化整为零——从供应商各个部门的生产过程,来推估其合理的成本。

(4)限制供应商的谈判能力 提供对方越少的资讯越好;尽量让对方发表意见,仔细聆听并从中找出对策。

(5)了解供应商的利润目标及价格底线 需耐心地通过各种渠道求得(谈判过程也是渠道之一)。

(三)分析采购现状

采购员在采购前,应对采购现状进行分析。其具体分析方法如下。

(1) 建立报价系统　利用专业成本分析师从事成本分析，借以估算底价。
(2) 比价　比价可以分为以下两种。

◆ 价格分析：相同成分或规格比较其价格或服务。
◆ 成本分析：将总成本分为细项——包含人工、原料、外包、制造费用、管理费用、利润。卖方与买方估计的价差，需要双方讨价还价来达成协议。

(3) 找出决定价格的主要因素　掌握决定价格的主要因素是人工、原料抑或是外包，这可作为谈判的依据。
(4) 价格的上涨对供应商的边际利润的影响　供应商的成本虽然上涨（例如由于通货膨胀），但其价格通常不能反应成本的增加（常有灌水现象）。
(5) 实际与合理的价格是多少。
(6) 对付价格上涨的最好对策　重要的是方法与时机的掌握——最好有专家的协助。

（四）对采购优劣势的分析

采购人员必须对供应商的谈判实力进行评估，并分析有自身哪些优势或劣势，才能够选择适当的谈判策略与方法。例如属于谈判优势偏向采购方的状况，有下列各项。

◆ 采购数量占供应商的产能的比率大。
◆ 供应商产能的成长超过采购方需求的成长。
◆ 供应厂商产能利用率偏低。
◆ 卖方市场竞争激烈，而买方并无指定的供应来源。
◆ 买方最终产品的获利率高。
◆ 物料成本占产品售价的比率低。
◆ 断料停工损失成本低。
◆ 买方自制能力高，而且自制成本低。
◆ 采用新来源的成本低。
◆ 买方购运时间充足，而卖方急于争取订单。

对采购方与供应方所处实的优劣形式进行分析，从而在谈判中扬长避短，自然可以找出击败供应商的机会。而据此能够发现迫使供应商让步的策略（压榨策略、平衡策略或多角化策略），此等策略将成为采购人员执行工作的行动方针。

二、采购谈判准备

做好了整体的规划后，要开始进行采购谈判前准备。采购谈判是谋求双赢的一种谈判。因此，谈判者必须有充足的准备，并掌握一定准备技巧，以便灵活把握谈判过程中的细节。

（一）收集采购谈判资料

1. 明确己方需求

明确己方需求就是要在谈判之前弄清楚企业需求什么、需求多少、需求时间、需要产品的质量、需要产品的规格、包装、价格底线。采购人员最好能够列出企业采购物料明细清单，此时可以参考下表。

采购物料明细表

需求物品名称	规格	数量	交期	包装	价格底线	质量	运输方式

2. 调查资源市场

在对采购需求作出分析之后，采购人员要对资源市场进行调查分析。从而可以获得市场上有关物料的供给、需求等信息资料，为采购谈判的下一步提供决策依据。目前市场调查的内容可以参考下表。

市场调查的内容

调查项目	调查内容	调查目的
产品供应需求情况	（1）对于该产品来讲,目前市场上是供大于求、供小于求还是供求平衡 （2）了解该产品目前在市场上的潜在需求者,是生产本企业同种产品的市场竞争者,还是生产本企业产品替代品的潜在市场竞争者	制定不同的采购谈判方案和策略。例如,当市场上该产品供大于求时,对于己方来说讨价还价就容易些;供小于求情况则相反
产品销售情况	（1）该类产品各种型号在过去几年的销售量及价格波动情况 （2）该类产品的需求程度及潜在的销售量 （3）其他购买者对此类新、老产品的评价及要求	可以使谈判者大体掌握市场容量、销售量,有助于确定未来具体的购进数量

续表

调查项目	调查内容	调查目的
产品竞争情况	(1)生产同种所需产品供应商的数目及其规模 (2)所要采购产品的种类 (3)所需产品是否有合适替代品的生产供应商 (4)此类产品的各重要品牌的市场占有率及未来变动趋势 (5)竞争产品的品质、性能与设计 (6)主要竞争对手所提供的售后服务方式及中间商对这种服务的满意程度	通过产品竞争情况的调查,使谈判者能够掌握供应己方所需同类产品竞争者的数目、强弱等有关情况,寻找谈判对手的弱点,争取以较低的成本费用获得己方所需产品。也能使谈判者预测对方产品的市场竞争力,使自己保持清醒的头脑,在谈判桌上灵活掌握价格弹性
产品分销渠道	(1)各主要供应商采用何种经销路线,当地零售商或制造商是否聘用人员直接推销,其使用程度如何 (2)各种类型的中间商有无仓储设备 (3)各主要市场地区的批发商与零售商的数量 (4)各种销售推广、售后服务及存储商品的功能	可以掌握谈判对手的运输、仓储等管理成本的状况,在价格谈判时心中有数,而且可以针对供应商售后服务的弱点,要求对方在其他方面给予一定的补偿,争取谈判成功

3. 收集供方信息

(1) 对方的资信情况　对方是否具有签订合同的合法资格;对方的资本、信用和履约能力。

(2) 对方的谈判作风和特点　谈判作风实质是谈判者在多次谈判中表现出来的一贯风格。了解谈判对手的谈判作风,可以为预测谈判的发展趋势和对可能采取的策略,以及制定己方的谈判策略,提供重要的依据。

(3) 其他　供应商要求的货款支付方式、谈判最后期限等方面资料。

4. 整理与分析资料

在通过各种渠道收集到以上有关信息资料以后,采购人员还必须对它们进行整理和分析。此时应注意以下事项。

(1) 鉴别资料的真实性和可靠性　即去伪存真。在实际工作中,由于各种各样的原因和限制因素,在收集到的资料中,某些资料比较片面、不完全,有的甚至是虚假、伪造的。因而采购人员必须对这些收集到的初步资料做进一步的整理和甄别。

(2) 鉴别资料的相关性和有用性　即去粗取精。在资料具备真实性和可靠性的基础上,应结合谈判项目的具体内容与实际情况,分析各种因素与该谈判项目的关系;并根据它们对谈判的相关性、重要性和影响程度进行比较分析,并依此制定出具体切实可行的谈判方案和对策。

(二) 制订采购谈判方案

1. 确定采购谈判目标

谈判目标指参加谈判的目的。一般可以把谈判目标分为三个层次:必须达到的目标、中等目标、最高目标。

对于采购谈判来讲,其目标如下表所示。

采购谈判目标

目标层次	具 体 描 述
必达目标	满足本企业(地区、行业或单位)对原材料、零售件或产品的需求量、质量和规格等
中等目标	满足价格水平、经济效益水平等
最高目标	考虑供应商的售后服务情况,例如,供应商的送货、安装、质量保证、技术服务活动等

2. 安排采购谈判议程

谈判议程及谈判的议事日程,主要是说明谈判时间的安排和双方就哪些内容进行磋商。

(1) 确定采购谈判主题　要进行一次谈判,首先就要确定谈判的主题。一般来说,凡是与本次谈判相关的、需要双方展开讨论的问题,都可以作为谈判的议题。采购人员可以把它们一一罗列出来,然后根据实际情况,确定应重点解决哪些问题。

而对于采购谈判来讲,最重要的也就是谈判采购产品的质量、数量、价格水平、运输等方面。

(2) 安排采购谈判时间　谈判时间的安排,即要确定谈判在何时举行、为期多久。如果是一系列的谈判,则需要分阶段进行,还应对各个阶段的谈判时间做出安排。在选择谈判时间时,采购人员要考虑下面几个方面的因素。

◆ 准备的充分程度:要注意给谈判人员留有充分的时间探讨、互做介绍、商议谈判议程。

◆ 要考虑对方的情况:不要把谈判安排在对对方明显不利的时间进行。

◆ 谈判人员的身体和情绪状况:要避免在身体不适、情绪不佳时进行谈。

3. 制定谈判备选方案

通常情况下,在谈判过程中难免会出现意外的事情,令谈判人员始料不及,从而会影响谈判的进程。因而在谈判前,采购人员应对整个谈判过程中,双方可能做出的一切行动进行正确的估计,并应依此设计出几个可行的备选方案。

在制定谈判备选方案时,可以注明在何种情况下,可以使用此备选方案,以及备选方案的详细内容、操作说明等。

（三）选择采购谈判队伍

采购谈判队伍的选择，就是指在对谈判对手情况以及谈判环境诸因素进行充分分析、研究的基础上，根据谈判的内容、难易程度选择谈判人员，组织高效精悍的谈判队伍。

1. 谈判队伍选择的原则

采购管理人员在选择采购谈判队伍时应按照以下原则。

（1）根据谈判的内容、重要性和难易程度组织谈判队伍　在确定谈判队伍阵容时，应着重考虑谈判主体的大小、重要性和难易程度等因素，依此来决定派选的人员和人数。此时应遵循如下图所示原则。

谈判队伍组织原则

（2）根据谈判对手的具体情况组织谈判队伍　在对谈判对手的情况做了基本的了解以后，就可以依据谈判对手的特点和作风来配备谈判人员。一般可以遵循对等原则，即己方谈判队伍的整体实力与对方谈判队伍的整体实力相同或对等。

2. 谈判人员的选择与配备

（1）在通常情况下，参加采购谈判的人数往往超过一人，而组成谈判小组。

（2）对于复杂的、较为重要的谈判来讲，首先可以满足谈判中多学科、多专业的知识需求，取得知识结构上的互补与综合优势；其次，可以群策群力、集思广益，形成集体的进取与抵抗的力量。

3. 谈判人员的分工与合作

（1）谈判人员的分工　在确定了具体谈判人员并组成谈判小组之后，就要对其内部成员进行分工，从而确定主谈与辅谈。其定义如下。

> ◆ 主谈是指在谈判的某一阶段，或者对某一方面或几个方面的议题，以其为主进行发言，阐述我方的观点和立场。
> ◆ 辅谈是指除主谈以外的小组其他成员及处于辅助配合的位置。

（2）谈判人员的合作　主谈与辅谈人员在谈判过程中并不是各行其是，而是在主谈人员的指挥下，互相密切配合。

总之，既要根据谈判的内容和个人的专长进行适当的分工，明确个人的职责，又要在谈判中按照既定的方案相机而动、彼此呼应，形成目标一致的有机谈判统一体。

（四）确定谈判地点

谈判地点的选择有三种情况：己方所在地、对方所在地、双方之外的第三地。对于最后一种情况，往往是双方在参加产品展销会时进行的谈判。三种地点选择有利有弊，其具体利弊如下表所列。

谈判地点的优缺点

谈判地点	优点	缺点
己方所在地	◆ 以逸待劳，无需熟悉环境或适应环境这一过程 ◆ 随机应变，可以根据谈判形式的发展随时调整谈判计划、人员、目标等 ◆ 创造气氛，可以利用地利之便，通过热心接待对方、关心其谈判期间生活等问题，显示己方的谈判诚意、创造融洽的谈判氛围，从而促使谈判成功	◆ 要承担烦琐的接待工作 ◆ 谈判可能常常受己方领导的制约，不能使谈判小组独立地进行工作
对方所在地	◆ 不必承担接待工作，可以全心全意地投入到谈判中去 ◆ 可以顺便实地考察对方的生产经营状况，取得第一手的资料 ◆ 在遇到敏感性的问题时，可以说资料不全而委婉地拒绝答复	◆ 要有一个熟悉和适应对方环境的过程 ◆ 谈判中遇到困难时，难以调整自己。容易产生不稳定的情绪，进而影响谈判结果
双方之外的第三地	对于双方来说在心理上都会感到较为公平合理，有利于缓和双方的关系	由于双方都远离自己的所在地，因此在谈判准备上会有所欠缺，谈判中难免会产生争论，从而影响谈判的成功率

（五）安排与布置谈判现场

在己方所在地进行谈判时，己方要承担谈判现场的安排与布置工作。为了能充分利用上述优点,在做此项工作时,也要讲求科学和艺术,为己所用。对其进行具体操作时应注意以下几点。

1. 最好能够为谈判安排三个房间

◆ 一间作为双方的主谈判室,另外两间作为各方的备用室或休息室。

◆ 主谈判室作为双方进行谈判的主要场所,应当宽敞、舒适、明亮,并配备应有的设备和接待用品。

◆ 备用室或休息室作为双方单独使用的房间,最好靠近谈判室,也要配备应有的设备和接待用品;同时也可以适当配置一些娱乐设施,以便双方缓和紧张的气氛。

2. 谈判双方座位的安排也应认真考虑

通常有两种座位安排方式:双方各居谈判桌一边,相对而坐;双方谈判人员随意就座。两种安排方式各有千秋,要根据实际情况加以选择。

(六)模拟谈判

为了提高谈判工作的效率,使谈判方案、计划等各项准备工作更加周密、更有针对性,因此在谈判准备工作基本完成以后,应对此项准备工作进行检查。而在实践中行之有效的方法就是进行模拟谈判。有效的模拟谈判可以预先暴露己方谈判方案、计划的不足之处及薄弱环节,检验己方谈判人员的总体素质、提高他们的应变能力,从而减少失误、实现谈判目标。

谈判双方可以由己方谈判人员与己方非谈判人员组成,也可以将己方谈判小组内部分为两方进行。

第三节 采购谈判的过程控制

在中国这个关注人缘的社会,相逢即缘分,更何况"利"字当前的商海呢?如何珍惜与使用这份"缘"的资本,采购谈判的过程中需要采购人员必须仔细斟酌每一细节,直至争取到双赢,使双方皆大欢喜。因此,在谈判开始前,必须知道谈判的各个步骤,如下页图所示。

在各个谈判的步骤中,供需双方均要把握好各个细节,以确保双赢的达成。在谈判时,采购人员应掌握以下知识。

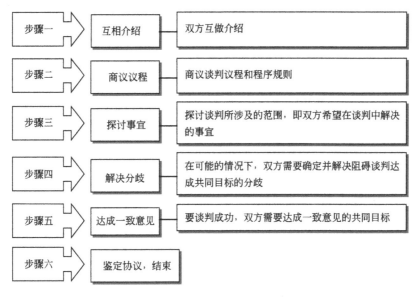

采购谈判的步骤

一、有礼貌地相互介绍

谈判中有邀请方与被邀请方,因此,作为负责这项事务的采购员与业务员必须肩负起相互介绍的担子。在相互介绍时,采购人员应注意以下几点。

(1)首先可用一方的负责采购员(业务员)来负责介绍对方主要人物,然后依次按职务高低介绍。

(2)介绍时要坚持客方优先的原则。

(3)介绍后邀请双方入座,并向对方通报今天的具体谈判议程安排。

【案例】

 介绍时因随意导致谈判失败

2008年10月,KK公司转型成功,从之前一家制造性企业转为销售性企业,同时也开始了从原始采购配件、自己组装成品转为采购成品销售。当月,公司采购部便来了一批成品销售商,并要进行采购谈判。由于采购经理A对公司贡献颇大,在制造企业时期的员工中声望很高,得以留任,公司责成采购经理A负责谈判事务。

在谈判开始前双方介绍时,采购经理A开始介绍双方人员:"这就是那位会买鱼的老弟,咋今天才晓得往老哥这儿跑呢?"

对方这位销售人员一听非常不高兴，但作为公司销售员来说面对的是公司业务而非个人得失，也没有表现出不情愿的样子。但接着介绍销售方经理的时候，这位采购经理Ａ居然说："今儿来分我老Ａ一亩三分地，敢不留下买路财。"

由于这家供应商的销售经理无法理解这些在当地员工看来是很亲切的话。其当即表示拒绝合作，并指责这是一家土匪公司。

最后因公司老总的出面谈判，才签约成功。但销售方提出要求，在以后的谈判中不允许这位采购经理出面。

二、立场表现要明确

立场即认识和处理问题时所处的地位和所抱的态度。采购人员在谈判时要立场明确，应知晓以下常识。

1. 表示出求"双赢"

在谈判时，要表示出我们谈判的目的是双赢。事实证明，大部分成功的采购谈判，都要在和谐的气氛下进行，才可能达成。而在相同条件交涉上，站在对方的立场上去说明，往往更有说服力。

双赢绝对不是50/50（二一添做五）。事实上，有经验的采购人员，总会设法为自己的公司争取最好的条件，然后也让对方得到一点好处。因此站在采购的立场上，谈判的结果应是60/40、70/30，甚至是80/20。

【案例】

谈判中一味穷追猛打

2009年，YY公司采购员薛某，去一制造厂家采购手机配件。由于该供应厂家觉得YY公司可以长期合作，并在双方谈判中表示出退让，愿意在前几次供货时用微利润博得长期合作。这一点被薛某发现后，薛某认为有机可乘。

在谈判中，该供应厂家表示："我们的立场鲜明，我们的目的是长期合作。"

薛某："我们公司也愿意，不过要看你们的合作态度。"

该供应厂家："你们可以提供技术给我们，我们仅留2％的利润用来维持公司发展，其余的可以优惠价格给你们。"

薛某："我看这样吧，你们在价格上再降10％。"

该供应厂家："我们没有利润了，何来发展呢？"

薛某："这是最低限度，你知道我们公司的供应商众多。"

该供应厂家："我们没有利润了，那就不用谈了，我们自己开发技术。"

从案例中可以发现，YY公司采购员薛某的立场出现了严重错误。采购员对公司的贡献是维持双赢合作，而不是把供应商逼得没有退路。

2. "产品质量"不可让步

产品质量是采购商的门面，因此在谈判时，采购员要求供货方提供明确质量保证要求以及质量责任，甚至要求供方提供质量保证依据。在谈判中，采购方绝不能以牺牲质量来确保最低价格的实现。

【案例】

谈判中对产品质量立场不明确

在采购活动中，质量是第一条件。DY公司的采购员李某为了完成任务，不惜用产品质量为代价，给公司带来巨大的损失。

DY公司是一家大型猪饲料销售企业。由于在2009公司销售量增加，要求公司采购员加大猪饲料采购量。在2008年4月份，公司规定每个采购员的采购量是100吨。但月末已到，李某的饲料采购量还不到50吨。问题不是采购不到猪饲料，而是许多猪饲料质量不达标。达标的猪饲料单价太高，超过了公司的允许范围。情急之下，李某决定冒险一次，他看到××饲料厂的猪饲料的质量要求与公司要求质量差不多，只是含×元素不达标而已。

为了完成采购任务，李某与××饲料厂达成协议，DY公司采购100吨，价格下调20%。这刚好在公司的允许范围之内，质量不达标的送料在包装上进行改动。

采购回来的送料在化验中，发现含×元素不达标。DY公司责怪××饲料厂造假。而××饲料厂声称之前与李某有协议，因此双方见诸于法庭。

3. 谈判属于组织行为

采购谈判是采购员代表企业或者组织同另一供方的企业或者组织销售代表实施谈判。因此采购员个人素质决定着谈判的成败。如果某个采购员对某家供应商带有异样眼光，很容易导致采购谈判的失败。

【案例】

回扣的危害

在采购活动中，"回扣"可谓是谈论的热点，也是采购活动中的焦点问题。

采购人（需方主体）是供应商的"上帝"和"追捧"者，也更是吃回扣的主要当事人。某些采购谈判的成功与否，往往与供方给采购人员回扣的多少有很大关系。这一点有时也体现在政府部门采购中。

例如有一个贪官被查处后，在他的清单上显示，这位贪官对每件烟酒饮料都收取了20%～30%不等的回扣。例如，一瓶3斤装轩尼诗XO，采购价是每瓶1680元，实际则是每瓶1176元，一瓶就收取504元的回扣，3瓶共"捞"了1512元。这个贪官简直是贪婪成性，竟然连实价6毛5一瓶的矿泉水也不放过，每瓶照样收了3毛5的好处，采购360瓶水还"捞"了126块钱。

后来这位送回扣的酒水商也被牵涉进来，在纪委的调查中，酒水商说："我们在谈判时，该官就表明立场，每瓶酒至少都要给他500元的回扣。否则，今天的采购谈判就免了。"

三、议程中遵循三原则

谈判议程即谈判的议事日程，它主要是说明谈判时间的安排和双方就哪些内容进行磋商。在进行谈判之前，要确定谈判的主题与谈判议程；在执行谈判中，谈判双方主要负责人，应该遵循谈判议程执行谈判。凡是与本次谈判相关的、需要双方展开讨论的问题，都要作为谈判的议题。因此采购人员在谈判议程时必须把握好以下三原则。

◆ 原则一：把握重点谈。
◆ 原则二：时间有限性。
◆ 原则三：事实为根据。

【案例】

巴西与中国铁矿石谈判

中国采购巴西的铁矿石的谈判，谈判时间越长对中国越有利。因为近年来国际铁矿石价格被炒得太高，而在同时至少有四大因素决定的铁矿石虚高价格将有掉头向下的趋势，因此应将谈判延期到矿石价格下降的时期，这样越拖对中国越有利。

（一）把握重点谈

谈判时，可以把谈判主体一一罗列出来；然后根据实际情况，确定应重点解决哪些问题。对于采购谈判来讲，最重要的也就是要把采购原材料的质量、数量、价格水平、运输等方面，作为议题重点加以讨论。

（二）时间有限性

一般来说，必须把握谈判时间进度，因为人的精力有限性。有些谈判需要长年累月谈，由于供需双方的利益不一样，可能谈判达成时间不一样，原则上应尽量有利于己方的达成时间。对于一般性企业，都应该从快处理；而对国际性采购，因其已经固定化了采购方式，可以根据价格需要采取一些谈判拖延战略。

（三）事实为根据

作为谈判双方，供方必须展示出自己真实的技术、质量、生产势力；采购方也必须展示出自己真实的购买能力，可以邀请采购方查厂或者采购方先支付一定订金。

四、选择适当的谈判方式

在谈判中，选择适当的谈判方式对于采购员来说是非常重要的。采购方式可以根据谈判具体情况来确定，一般来说，谈判方式有如下两种。

（一）强硬性谈判

强硬谈判不是说谈判中采用强硬的语气，而是指在谈判中采取强硬的立场、绝不让步。这种谈判方式通常表现在美国企业采购上。而采购人员在采取强硬性采购谈判时应掌握以下五个条件。

- ◆ 准确计算出供方成本与利润空间。
- ◆ 在同行业中自己占有绝对市场优势。
- ◆ 供方产品处在市场销售低潮。
- ◆ 供方企业处于资金流通困难时。
- ◆ 供方要求在质量上给予让步时。

【案例】

美国 AN 公司的乘人之危

AN 公司是一家大型电子销售集成公司。由于 AN 公司的文化里面含有"西点军校"式文化味道,因此他们的采购谈判常常被称为乘人之危。

AN 公司采购员詹姆斯,是一位非常严谨的采购员。每次谈判都"斤斤计较"。2009 年 3 月,詹姆斯带领采购团队,采购中国西南某基地的电子产品。在谈判前,他已经了解了各项情况,知道西南某基地的电子产品处于不景气状态,也了解了市价;同时请 AN 公司的财务师估算了西南某基地的电子产品的成本。

在谈判中西南某基地的谈判人员说:"价格无法下调了。"

詹姆斯:"为什么?没有利润了?"

西南某基地的谈判人员说:"我们利润非常微薄了。再下调,公司等于白干了。"

詹姆斯:"我们来核算下成本……。如果你们下调 10%,还有 23.5% 的利润空间,完全可以维持你们企业的生存与我们的未来合作。"

西南某基地的谈判人员:"詹姆斯先生,另外一个企业 Y 公司也谈在这个价格上。"

詹姆斯:"不,我们已经调查了,Y 公司已经表示退出中国市场了。"

西南某基地的谈判人员目瞪口呆,不得不佩服詹姆斯高超的谈判技术与周密的布置。

(二)温柔性谈判

温柔性谈判是指在采购谈判中采取让步的状态,来达成交易目的。某些企业在出现库存不足,或者其他物质紧缺情况下,通常会在采购谈判中采用温柔性谈判。因此采购人员在采取温柔性谈判时应掌握以下四个条件。

- ◆ 采购方出现紧急物质需求。
- ◆ 供方产品市场潜力巨大。
- ◆ 供方要求在非紧要关口上给予让步时。
- ◆ 采购谈判持久不下。

【案例】

四川某企业的以退为进

2008年,四川的一家建筑器材生产制造企业由于受到地震的破坏,其重建任务十分紧迫,急需采购一批建材设备。在一次南下与C公司就设备采购的采判中,该企业成功地运用温柔性谈判方式获得了采购成功。

在谈判中:

川企说:"我们急需一批建材配件××××。"

C公司:"心情我们可以理解,但是价格问题上是否可以提高一点。"

川企说:"现在是非常时期,我们的困难你可以了解。"

C公司:"普天下华人都了解,大家各让一步吧。"

川企说:"我们现在不光缺设备,还缺人才,可否在这个问题上给予帮助?"

C公司:"我提议,设备价格再上调1%,人才问题我们可以无偿解决。"

川企说:"行,可行。"

由于在地震中,川企的资金链出现问题,短时间内还无法解决。因此,谈判过了一会儿,川企说:"由于按你们企业目前的价格,我们的现金无法按时到账,需要等来年一起结算。"

C公司此时才明白,川企通过价格让步是为了获取资金的延期付款。由于已经答应合作,C公司只有按谈判要求将人与设备送到四川。

五、僵局一定要打破

采购谈判中,在谈及价格与交期问题时,出现僵局是很难避免的。一般认为,在谈判中出现僵局时,采购人员可采取如下图所示技巧。

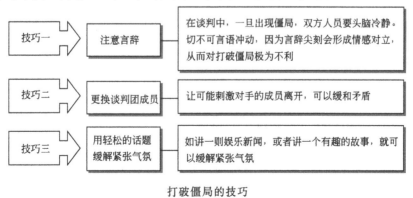

打破僵局的技巧

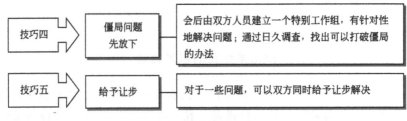

打破僵局的技巧

【案例1】

华北某汽车制造集团C公司与东南亚某国，就购买橡胶进行了马拉松式的持久谈判。东南亚某国开价高得惊人，尽管双方僵持激烈，但东南亚某公司不在乎僵局。为了打破僵局，C公司恳求政府支持，政府选派的是一名杰出的商务谈判高手，结果她也很久谈不下来。于是这位谈判高手采取了幽默的方式，以退为攻，说："好吧，我同意贵方的报价。如果我的政府与我的公司不同意这个高价，我愿意用我的工资来支付。但是，请允许我分期付款，可能我要支付一辈子。"东南亚某国忍不住一笑，发现继续谈下去也无法打破僵局，最后一致同意把橡胶价格降下调20%。

从这个案例可以明显看出，东南亚某公司的让步对谈判的成功起了关键的作用。这种让步就是以退为进，它对谈判双方都很有利，而这位谈判高手的幽默也起了不可估量的作用。

【案例2】

我国某厂与美国某公司谈判设备购买生意时，美商报价218万美元，我方不同意；美方降至128万美元，我方仍不同意。美方大怒，扬言再降10万美元，即118万美元不成交就回国。但是我方不为美方的威胁所动，坚持再降，从而导致谈判陷入僵局。

第二天，美商果真回国，我方毫不吃惊。美方为了谈成这笔生意，几天后，美方代表又回到中国继续谈判。此时，我们为了找到打破僵局的办法，从国外获取一份情报——美方在两年前以98万美元将同样设备卖给匈牙利客商。在谈判的时候，我方将此情报出示后，美方以物价上涨等理由狡辩了一番后将价格降至我们需求的价格。

从这个案例可以明显看出，为了打破僵局，美方使用了欲擒故纵、掉头走人的吓唬策略。为了僵局的突破，我方也在寻找有利于谈判中价格竞争的情报。

六、谈判结束时的掌握

这是谈判的最后阶段,在这一阶段,主要应做好如下图所示的工作。

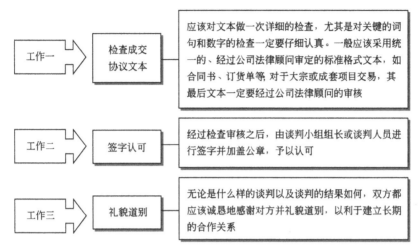

谈判最后阶段应注意的工作

【案例】

谈判结束时,检查合同是一项重要的环节。因为合同的字面意思而导致纠纷的事件频出。2009年1月,云翼制造厂与汉法纸张公司引发了合同纠纷。

1月9日,云翼制造厂采购汉法纸张包装纸,当晚,双方谈判结束,两家企业庆祝开始合作,但没有人去检查合同上的歧义。

1月10日,汉法开始给云翼制造厂供纸。1月11日,云翼打电话告诉汉法,汉法的纸张不合格,要求重做。但汉法认为是按合同执行的。双方一对照合同,合同上写明所有纸张按12×13执行。汉法是国内企业,当然按12cm×13cm执行生产。而云翼是外资企业,在他们的观念中,12×13的单位是英寸。

从此案例中可以看出,在谈判结束后检查合同是非常重要的;否则会出现更大的纠纷。

第四节 采购谈判策略与技巧

采购人员在谈判时,还应掌握一定的谈判策略、技巧,才会在谈判时争取主动。作为采购人员,应熟知以下谈判策略、技巧。

一、把握准谈判对手的性格

（一）采购谈判人员的四种性格

英国学者盖温·肯尼迪对谈判人员作出过这样的总结。

四种性格
1. 驴式性格
2. 羊式性格
3. 狐式性格
4. 枭式性格

1. 驴式性格

有些企业的销售人员可能是某销售企业的亲戚，这种人对何者为可能懵然无知。其特点是：不动脑筋，轻率反应，明知不对顽固坚持，或是死抱着不切实际的所谓"原则"不放，以无知作主导，谈判时必然干蠢事。

2. 羊式性格

有些企业的销售人员忙于完成销售任务，他们对任何东西都能接受，总是听人摆布来做抉择。像羊入屠宰场时的模样，他们行事无主见，任人左右，缺乏为自身利益而斗争的意识，往往事事屈从，唯恐得罪了对方，甚至对方不高兴他也要怕。

3. 狐式性格

有些企业的销售人善于玩小聪明，他们能洞察谈判的发展，不择手段地攫取想要的东西。就像狐狸的成功靠要阴谋诡计一样。他们诱使旁人钻入圈套，只要能达目的就无所不用其极。他最善于抓住"羊"的弱点肆行压榨，对行事如"驴"者，更不在话下了。

4. 枭式性格

有些资深企业经营者在参与谈判的时候，他们在谈判中具有长远眼光，重在建立真诚的关系，以求取得想要得到的东西。他们面对威胁与机遇都能处变不惊，从容应付，以自己的言行赢得对方的尊敬，他不会去欺凌"羊"、"狐狸"和"驴"。

（二）各式性格的特点

1. 驴式性格的特点

（1）爱以老大自居　有些企业销售人员，本着自己与企业经营者的关系或者本企业势力，处处摆老大的架子。

（2）好面子　明知错了，却要强说自己正确，目的是等待台阶下。

（3）没有主见　这部分销售人员的主见来自上级领导，自己没有主见。

（4）固执　由于没有主见，且爱面子必然固执。

2. 羊式性格的大特点

（1）老好人　为了达到销售目的，喜欢当老好人，以把客户签下为目的，不管企业是否有制造与供应能力。

（2）没有主见　这部分销售人员的主见来自客户，自己没有主见。

（3）人际关系好　由于当老好人，供应商非常喜欢这类性格。

（4）责任心强　这类销售人员一般比较务实，只要答应客户的事情一般都能办到，供应商对此类谈判人员可以放心。

3. 狐式性格的特点

（1）八面玲珑　这类企业销售人员往往从人际关系上下工夫，常常表现为八面玲珑、四面讨好。常用回扣来麻痹一些采购人员。

（2）笑里藏刀　他们常常表面上装出真诚，诱使采购员钻入圈套，只要能达目的就无所不用其极。

（3）没有责任　他们更多是为了谋求自己的利益，从来不关心采购方与供方的利益。

（4）善于谈判　狐式性格之所以可以获得经营者的青睐，在于他们的谈判技能。

4. 枭式性格的特点

（1）处变不惊　他们在谈判的时候，面对采购员的任何威胁与机遇都能处变不惊，从容应付，让人无懈可击。

（2）眼光长远　他们在谈判的时候，不会拘于一时的得失，往往重于长远的销售打算。

（3）业界有知名度　能够做到如此稳重性格，主要在于在业界内多年打拼，对业界情况了如指掌。因此在业界会享有较高知名度。

（4）谈判真诚　这些资深经营者经营造就"诚信是商道的第一原则"。

（三）四种性格的对策

采购人员应针对以上谈判对手的四种性格、特点，做好相应的谈判对策。其具体对策如下表所示。

谈判对手四种性格的相应对策

种类	对策	案例
驴式性格	立场坚定	"这虽是你们公司的规定,但这也是行业内部的规定" "我们用行业说话"
	用事实说话	"请出示样板" "这是你们上个月的销售量" "我们对你的制造研发成本进行了计算,请过目"
	给予适度吹捧	"王经理可谓是行内专家呀" "王业务员不愧为贵公司销售栋梁"
	注意提供台阶	"你说的是昨天的行情。看来王经理太累了,把昨天与今天混淆了" "王先生请给我留一条退路呀,不然兄弟我没法混"
羊式性格	真诚以待	"能认识你,相见恨晚。我们今天是来学习的" "请你先陈述意见吧"
	提升对方信心	"我们今天谈不成,没关系,最终会找到共同点的" "谈判嘛,就是要讲究双赢,要保证我们都能挣钱"
	主动提示	"不知你们老板有什么意见" "我建议为了保证安全,这个项目可能要你们上级与你一起来决定"
狐式性格	要坚持原则	"坚决不收回扣" "我们最好一次性谈清楚" "兄弟归兄弟,但公事归公事"
	要注意尺度	"这个问题已经不能让步了,请你再考虑吧" "根据行业规定,必须有合同书"
	辨别真伪	"对于这些问题,我们需要看你们的详细计划" "我要去你们车间看看"
枭式性格	真诚相待	"这是我们的产品型号,请过目" "你先开价吧,然后我们再报价"
	从长远看问题	"我们这次可以给你一次性价格,但也希望下次给我们优惠" "我们的合作是长远的" "双赢是我们唯一目的"
	注意礼貌	"您先请" "初到贵公司,果然名不虚传呀" "签约后,我们开车送你"

二、不同优劣势下的谈判技巧

采购员在谈判时,还应掌握不同优劣势下的谈判技巧,才能做到游刃有余。其具体内容如下。

(一) 我方劣势谈判技巧

在采购谈判活动中,我方处于弱势情况时,可以采用吹毛求疵技巧、先斩后奏技巧、攻心技巧、疲惫技巧、权力有限技巧和对付阴谋型谈判作风的技巧。熟练把握和恰当运用这些技巧，有利于我方控制谈判的方向和进程。在这里主要介绍一下吹毛求疵谈判技巧。

吹毛求疵谈判技巧常用在零售业中，但在生产性企业却不可这样做。

吹毛求疵技巧，就是指谈判中处于劣势的一方对有利的一方炫耀自己的实力，谈及对方的实力或优势时采取回避态度，而专门寻找对方弱点，伺机打击对方。

【案例】

苹果熟了，果园里一片繁忙景象。一家果品公司的采购员来到果园，"多少钱一公斤？""1.6元。""1.2元行吗？""少一分也不卖。"不久，又一家公司的采购员走上前来。"多少钱一公斤？""1.6元。""整筐卖多少钱？""零买不卖，整筐1.6元一公斤。"接着这家公司的采购员挑出一大堆毛病来，如从商品的功能、质量、大小、色泽等。其实买方是在声明：瞧你的商品多次。而卖主显然不同意他的说法，在价格上也不肯让步。买主却不急于还价，而是不慌不忙地打开筐盖，拿起一个苹果掂量着、端详着，不紧不慢地说："个头还可以，但颜色不够红。这样上市卖不上好价呀！"接着伸手往筐里掏，摸了一会儿摸出一个个头小的苹果："老板，您这一筐，表面是大的，筐底可藏着不少小的。这怎么算呢？"边说边继续在筐里摸着，一会儿，又摸出一个带伤的苹果："看，这里还有虫咬，也许是雹伤。您这苹果既不够红、又不够大，算不上一级，勉强算二级就不错了。"这时，卖主沉不住气了，说话也和气了："您真想要，还个价吧。"双方终于以每公斤低于1.6元的价钱成交了。第一个买主遭到拒绝，而第二个买主却能以较低的价格成交。这关键在于，第二个买主在谈判中，采取了"吹毛求疵"的战术，说出了压价的道理。

（二）我方优势的应对技巧

我方处于优势，常常采用不开先例技巧的原理。为了坚持和实现提出的交易条件，而采取的对已有的先例来约束对方，从而使对方就范，接受己方交易条件的一种技巧。它是一种保护买方利益，强化自己谈判地位和立场的最简单而有效的方法。买方如果居于优势，对于有求于己的推销商进行谈判时也可参照应用。

【案例】

下面是电冰箱进货商（甲方）与电冰箱供货商（乙方）对一批电冰箱价格所进行的谈判实况。

甲："你们提出的每台 1700 元，确实让我们难以接受。若有诚意成交，能否每台降低 300 元？"

乙："你们提出的要求实在令人为难。一年来我们对进货的 600 多位客户给的都是这个价格。要是这次单独破例给你们调价，以后与其他客户的生意就难做了。很抱歉，我们每台 1700 元的价格不贵，不能再减价了。"

在这个关于电冰箱价格的谈判实例中，电冰箱供应者面对采购者希望降价的要求，为了维持己方提出的交易条件而不让步，便采取了不开先例的手法。对供应者来讲，过去与买方的价格都是每台 1700 元，现在如果答应了采购者要求降价就是在价格问题上开了一个先例，进而造成供应者在今后与其他客户发生交易行为时也不得不提供同样的优惠条件。所以，精明的供应商始终以不能开先例为由，委婉地回绝了对方提出的降价要求。供应者在价格谈判中，成功地运用了不开先例的技巧，其原理是利用先例的力量来约束对方使其就范奏效。

（三）均势谈判技巧

均势谈判中，常采用迂回绕道技巧的原理。

所谓迂回绕道技巧，就是通过其他途径接近对方，建立了感情后再进行谈判。这种方法往往很奏效，因为任何人除了工作还会有许多业余活动。而这些业余活动如果是对方最感兴趣的事情，那么你就能成为对方的伙伴或支持者，感情就很容易沟通了，从而可以很容易换来经济上的合作。

【案例】

美国杜维诺公司向一家饭店推销面包，杜维诺派销售人员和部门经理亲自上门推销，并向这家饭店做出价格优惠、服务上门、保证供应、保证质量的承诺，还表示了愿意建立长期合作关系的愿望，但饭店经理就是不买他的面包。后来杜维诺采用了迂回战术才获得成功的。杜维诺了解到，该饭店的经理是一个名叫"美国旅馆招待者"组织中的一员，他十分热衷于这一活动，被选为该组织的主席。不论该组织的会议在什么地方召开，他都不辞辛苦地参加。了解到这些情况后，当杜维诺再见到他时，绝口不谈面包一事，而是谈论那个组织。因此饭店经理十分高兴，跟他谈了半个小时，并建议杜维诺加入这一组织。几天之后，杜维诺便接到了这家饭店购买面包的订单。

三、采购谈判的沟通技巧

采购人员在谈判时，还要注意沟通技巧。其具体技巧可以参考以下知识。

（一）谈判沟通的四种方式

采购谈判沟通的四种方式如下图所示。

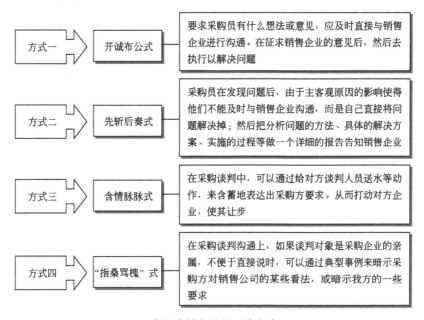

采购谈判沟通的四种方式

（二）采购谈判的沟通技巧

采购谈判的沟通技巧有如下图所示四种可供参考。

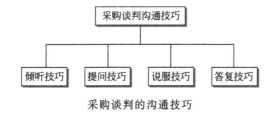

采购谈判的沟通技巧

1. 倾听技巧

倾听技巧在谈判时显得尤为重点。采购员在谈判时应掌握以下倾听技巧。

（1）先入为主的固定看法影响倾听　采购人员谈判和对方进行沟通时，要倾听对方讲话。不仅要注意听懂语言，更要揣摩其思想。

（2）情绪化会使人变成聋子　在谈判沟通中当听到自认为不正确的意见或不利于自己的言论时，千万别太情绪化。这样会让自己听不下去对方谈的任何内容，也会给对方留下不好的印象，从而影响谈判的成功。

(3) 一心不可二用　在谈判沟通时,切忌一心二用,这样会注意力分散,使听的内容不连贯、看的内容不全面,从而会影响谈判的进程。

(4) 听而不闻　在谈判沟通中听对方讲话时,如果将注意力集中在对方的外貌和举止上,这样会导致不知道对方在谈的内容。

2. 提问技巧

提问是进行有效口头沟通的关键工具。谈判的各个阶段意味着为了达成协议可以提出各种类型的问题。此时采购人员可以采用如下表所示的提问技巧。

谈判沟通的提问技巧

序号	类型	内容	案例
1	开放型问题	不能直接用"是"或"不是"来回答,包括谁、什么、为什么和什么时候	"你为什么那样认为?"
2	诱导型问题	鼓励对方给出你所希望的答案	"你是不是更喜欢什么什么?"
3	冷静型问题	感情色彩较低	"降价如何影响标准?"
4	计划型问题	即一方谈判者事先准备好在谈判过程中进行提问,或许这是议程的一部分	"如果我们提出什么什么价格,你方会怎么考虑?"
5	奉承型问题	带有奉承的色彩	"你或许愿意与我们分享你在这方面的知识?"
6	窗口型问题	询问对方的见解	"你的看法是……"
7	指示型问题	切中主题	"价格是多少?"
8	检验型问题	询问对方对某一建议的反应	"你对此是否有兴趣?"

3. 说服技巧

谈判时,沟通还需掌握说服的技巧。这样才更容易取得谈判的成功,其具体技巧如下。

- ◆ 讨论先易后难。
- ◆ 多向对方提出要求、传递信息、影响对方意见。
- ◆ 强调一致、淡化差异。
- ◆ 先谈好后谈坏。
- ◆ 强调合同有利于对方的条件。
- ◆ 待讨论赞成和反对意见后,再提出你的意见。
- ◆ 说服对方时,要精心设计开头和结尾,要给对方留下深刻印象。
- ◆ 结论要由你明确提出,不要让对方揣摩或自行下结论。
- ◆ 多次重复某些信息和观点。
- ◆ 多了解对方,以对方习惯的、能够接受的方式、逻辑去说服对方。

4. 答复技巧

答复不是容易的事，回答的每一句话，都会被对方理解为是一种承诺、都负有责任。因此采购人员在答复时应掌握如下图所示的技巧。

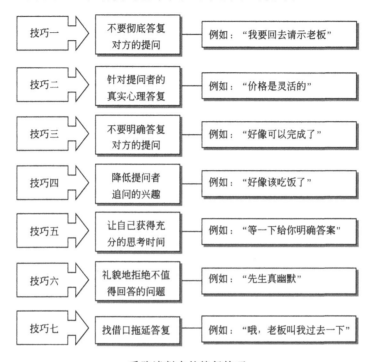

采购谈判中的答复技巧

四、采购谈判的禁忌

采购谈判中有些雷区，应该尽量避免。其具体内容如下。

（一）准备不周

缺乏准备，首先无法得到对手的尊重，这样自己心理上就矮了一截；同时无法知己知彼，从而会漏洞百出，很容易被抓住马脚。

【案例】

小王是一家新公司新任命的采购员，仓促间被派往参与采购谈判。此时公司正在与一家制造企业洽谈配件的采购。

在谈判中，该供应商问小王，该产品的市场价格是多少。小王由于没有经过市场调查，便顺口说了公司规定的一个价格。该供应商便提出疑问："你们上次价格是××，这次怎么变成这样呢？你不会记错了吧！"

小王装出自己一副知道的样子，说："没错！就是这么多。如果你们愿意合作的话，我们可以再加一点。"供应商随即答应。

合同签署后，小王才发现该供应商在欺诈他。因为上次价格还更低。

（二）缺乏警觉

对供应商叙述的情况和某些词汇不够敏感，采购人员就无法抓住重点、无法迅速而充分地利用洽谈中出现的有利信息和机会。

（三）脾气暴躁

人在生气时不可能做出好的判断。盛怒之下，往往会做出不明智的决定，并且还要承担不必要的风险；同时还会给对方留下非常不好的印象，在对方的心目中形成成见，使你在日后的谈判中处于被动状态。

【案例】

××公司的×采购经理脾气非常暴躁，在一次采购谈判陷入僵局的时候，×采购经理随手将一个玻璃杯打烂。事后，参加谈判的对方人员回到公司后，便向业界同行说："××公司有暴力倾向。"一时间，××公司的采购变得困难起来。为了挽回被动局面，×经理只能被迫辞职。

（四）自鸣得意

骄兵必败，原因是骄兵很容易过于暴露自己。结果让对手看清你的缺点；同时也失去了深入了解对手的机会。

另外，骄傲会令你做出不尊重对方的言行、激化对方的敌意和对立、增加不必要的矛盾，最终会增大自己谈判的困难。

（五）过分谦虚

过分谦虚只会产生两个效果：

（1）可能就是让别人认为你缺乏自信、缺乏能力，而失去对你的尊重；

（2）让人觉得你太世故、缺乏诚意，从而对你有戒心、产生不信任的感觉。

（六）赶尽杀绝

会失去对别人的尊重；同时在关系型地区，也很有可能影响自己的职业生涯。

（七）轻诺寡信

不要为了满足自己的虚荣心，越权承诺，或承诺自己没有能力做到的事情。不但使个人信誉受损，同时也影响企业的商誉。要对自己和供应商明确这一点：为商信誉为本，无信无以为商。

（八）过分沉默

过分沉默会令对方很尴尬。采购人员往往认为供应商是有求于自己，因此自己不需要理会对方的感受。对方若以为碰上了"木头人"，不知所措，也会减少信息的表达。最终无法通过充分的沟通了解更多的信息，反而让自己争取不到更好的交易条件。

（九）无精打采

采购人员一天见几个供应商后就很疲劳了，但这时依然要保持职业面貌。不要冲着对方的高昂兴致泼冷水，因为这可能让自己失去很多的贸易机会。

（十）仓促草率

工作必须是基于良好的计划管理，仓促草率的后果之一是：被供应商认为是对他的不重视，从而无法赢得对方的尊重。

（十一）过分紧张

过分紧张是缺乏经验和自信的信号，通常供应商会觉得遇到了生手，好欺负，一定会好好利用这个机会。供应商会抬高谈判的底线，可能使你一开始就无法达到上司为你设定的谈判目标。

（十二）贪得无厌

工作中，在合法合理的范围里，聪明的供应商总是以各种方式迎合和讨好采购人员。遵纪守法、自律廉洁是采购员的基本职业道德，也是发挥业务能力的前提。因此采购人员应当重视长期收益，而非短期利益。

（十三）玩弄权术

不论是处理企业内部还是外部的关系，都应以诚实、客观的处事态度和风格来行事。玩弄权术最终损失的是自己，因为时间会使真相暴露。

（十四）泄露机密

严守商业机密是雇员职业道德中最重要的条件。应时刻保持警觉性，在业务沟通中要绝对避免暴露明确和详细的业务信息。当有事要离开谈判座位时，一定要合上资料、关掉计算机，或将资料直接带出房间。

第五节　采购价格谈判

采购人员谈判时，要把握好采购价格，才能让公司获利。采购人员首先应掌握以下常识。

一、影响采购价格的因素

（一）采购商品的供需关系

当零售企业所采购的商品供过于求时，则采购方处于主动地位，通常可以获得最优惠的价格；当需要采购的商品为紧俏商品时，则供应方处于主动地位，价格可能会趁机被抬高。

（二）采购商品的品质

零售企业对采购商品的品质要求越高，采购价格就越高。采购人员应在保证物品品质的情况下追求价格最低。

（三）采购商品的数量

商品采购的单价与采购的数量成反比。供应商为了谋求大批量销售的利益，常采用价格折扣的促销策略。所谓价格折扣是指当采购方采购数量达到一定值时，供应商适当降低商品单价。因此大批量、集中采购是一种降低采购价格的有效方法。

（四）交货条件

包括承运方的选择、运输方式、交货期的缓急等。如果商品由采购方承运，则供应商会降低价格；反之，价格将提高。

（五）供应商成本的高低

供应商所供应商品的成本是影响采购价格最根本、最直接的因素。因此商品的采购价格一般在供应商的成本之上，两者之差即为供应商的利润，而供应商的成本是采购价格的底线。

（六）付款方式

合适的付款方式能降低采购价格，因为现金的高流转性对每个企业都很重要。

（七）供应商对采购商的依赖程度

采购商在供应商心中位置是否重要很关键，采购量大或占其业务比例大的采购商，是供应商不会轻易得罪的重要客户，价格自不会高。

（八）专利技术、非通用性和垄断性

与上一条相反，因这三个因素影响，这些供应商知道只要价格不是高得太离谱，还是要向其采购的。他们偶尔还是会作些让步，不过利用一些时机又会将价抬高。

（九）价格谈判能力

谈判能力的高低直接影响采购价格，因而采购员应加强学习和锻炼以提高谈判能力。

（十）对市场信息行情的分析判断

采购对市场行情了解不够、对价格趋势分析不正确、对成本分析不透彻，均可能造成价格的偏高。

（十一）与供应商的沟通及理解

加强与供应商的交流，要多理解他们对自己公司关于价格、付款等方面的抱怨，有时主动请他们吃顿便饭，这样能在价格上争取主动。

（十二）公司的商业信誉

良好的商业信誉能促进供应商对公司的认同感，良好的心态自不会报出离谱的价格。

（十三）直接采购和间接采购

量不大的情况下直接向制造商采购，不一定能获得低于中间代理商的报价。直接向主营商家采购，其价格自会低于制造厂家的独家代理商的价格。

（十四）交货期

加急采购交货期短，可能会带来价格的偏高。

（十五）采购员的责任心

采购员责任心不强、询价随便、议价欲望不强，会带来采购价格偏高。

（十六）商业贿赂

收受回扣肯定会带来采购价格的偏高。

当供应商提出回扣一事时，向供应商表明自己的拒收立场，或者直接很真诚地告知对方我公司老板或领导根据绩效考评会给自己奖励，这样对方报价就不会再偏高了。因为他明白报高了就可能失去客户。

二、采购询价

"询价（Request for Quotation）"是采购人员在作业流程上的一个必要阶段。合理的询价也直接有利于采购价格谈判，在询价阶段要做好以下工作。

（一）询价文件的编写

为了避免日后造成采购与供应商各说各话，以及在品质认知上的差异，对于询价时所应提供资料的准备就不能马虎。因为完整、正确的询价文件，可帮助供应商在最短的时间内提出正确、有效的报价。一个完整的询价文件至少应该包括以下部分。

1. 询价项目的"品名"与"料号"

首先，询价项目的"品名"以及"料号"是在询价单上所应必备的最基本资料。供应商必须知道如何来称呼所报价的产品，即所谓的"品名"以及其所代表的"料号"。料号中一个位数的不同可能就是版本的不同，甚至可能变成另一个产品的料号。品名的书写应尽量能从其字面上可以看出产品的特性与种类为佳。

2. 询价项目的"数量"

通常供应商在报价时都需要知道买方的需求量，这是因为采购量的多少会影响到价格的计算。数量资讯的提供通常包括"年需求量"、"季需求量"甚至"月需求量";"不同等级的需求数量"等;每一次下单的大约"订购数量";或产品"生命周期的总需求量"。

3. "规格书"

(1) 规格书的定义　规格书是一种描述采购产品品质的工具,应包括最"新版本"的工程图面、测试规格、材料规格、样品、色板等有助于供应商报价的一切资讯。工程图面必须是最新版本,如果图面只能用于估价,也应一并在询价时注明。

(2) 注意事项

◆ 若为国际采购,如果原始工程图面为英文之外的语言如德文、法文、日文等,也应附上国际通用语言英文的译名,以双语(Bilingual)形式呈现以利沟通。

◆ 若工程图面可以利用电子档案方式提供,则必须向供应商询问其接受的程度,在提供时应注意以国际共通的档案格式如 DWG、IGES、DXF、PRO/E 等,以方便供应商转换图档。

◆ 在利用电子邮件传递档案的同时,最好也同时提供一份清楚地绘在图纸上的工程图面,以避免在档案传递时所可能发生的资料误失。

4. "品质"要求

采购人员很难单独使用一种方式完整表达出对产品或服务的品质要求,应该依照产品或服务的不同特性,综合使用数种方式来进行。

5. 品牌(Brandor Trade Names)

一般而言,使用品牌的产品对采购而言是最轻松容易的,不仅能节省采购时间、降低采购花费,同时也能降低品质检验的手续。因为只需确认产品的标示即可。不过,具有品牌的产品其价格通常也比较高,购买数量不多时,使用品牌方式采购反而比较有利。

6. 同级品(Or Equal)

同级品是指具有能达到相同功能的产品,决定是否允许使用可替代的同级品报价也应在询价时注明。而同级品的确认使用,必须要得到使用单位的接受。

7. 商业标准(Commercial Standard)

商业标准对于产品的尺寸、材料、化学成分、制造工法等,都有一个共通的完整描述。对于一般标准零件如螺丝、螺帽、电子零组件,使用商业标准可以免除对品质上的误解。

8. 材料与制造方法规格（Material or Method of Manufacture Specification）

当对材料或制造方法有特定的要求时，必须注明其适用的标准。如果要求注明为 DIN 欧规时，其相对应的 CNS 或 JIS 规格也最好能予以注明。

9. 性能或功能（Performance or Function Specification）

此类型规格较常用于采购高科技产品以及供应商先期参与（Early Supplier Involvement，ESI）的情况中。供应商只被告知产品所需要达到的性能或功能，至于如何去制作才能达到要求的细节部分，则留给供应商来解决。

10. 市场等级（Market Grade）

通常用于商品如木材、农产品、烟草、食品等方面的品质要求。由于市场等级的划分界线无法很明确地被一般人所辨识，采购人员通常会被要求具有鉴定所购产品属于何种等级的能力。

11. 样品（Sample）

样品的提供对供应商了解买方的需求有很大的帮助，尤其是在颜色、印刷与市场等级的要求上使用比较普遍。

12. 工作说明书（Statement of Work）

主要用于采购服务项目。大楼清扫、废弃物处理、工程发包等。一份完整的工作说明书除了应该简单明了外，对于所应达到的工作品质也应尽量以量化的方式来规范其绩效的评估。

（二）询价准备工作

采购人员须知的询价准备工作，如下表所示。

询价准备工作

序号	内容	备注
1	计划整理	采购代理机构根据政府采购执行计划，结合采购员的急需程度和采购物品的规模，编制月度询价采购计划
2	组织询价小组	询价小组，由采购人的代表和有关专家共三人以上单数组成。其中专家人数不得少于成员总数的三分之二，以随机方式确定。询价小组名单在成交结果确定前应当保密
3	编制询价文件	询价小组根据政府采购有关法规和项目特殊要求，在采购执行计划要求的采购时限内，拟定具体采购项目的采购方案、编制询价文件
4	询价文件确认	询价文件在定稿前需经采购人确认
5	收集信息	根据采购物品或服务等特点，通过查阅供应商信息库和市场调查等途径进一步了解价格信息和其他市场动态
6	确定被询价的供应商名单	询价小组通过随机方式，从符合相应资格条件的供应商名单中，确定不少于三家的供应商，并向其发出询价通知书让其报价

（三）询价工作步骤

采购人员需知的询价工作步骤如下图所示。

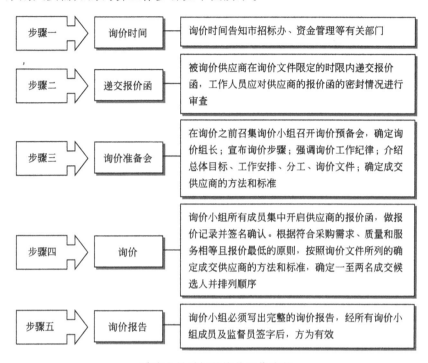

采购人员需知的询价工作步骤

（四）确定成交人

1. 成效人确定

采购人根据询价小组的书面谈判报告和推荐的成交候选人的排列顺序确定成交人。当确定的成交人放弃成交、因不可抗力提出不能履行合同，采购人可以依序确定其他候选人为成交人。采购人也可以授权询价小组直接确定成交人。

2. 成交通知

成交人确定后，由采购人向成交人发出《成交通知书》，同时将成交结果通知所有未成交的供应商。

3. 编写采购报告

询价小组应于询价活动结束后二十日内，就询价小组组成、采购过程、采购结果等有关情况，编写采购报告。

（五）询价的技巧

采购人员在询价时应注意以下技巧。

1. 最大程度地公开询价信息

参照公开招标做法，金额较大或技术复杂的询价项目，扩大询价信息的知晓率，信息发布要保证时效性，让供应商有足够的响应时间；询价结果也应及时公布。通过公开信息从源头上减少"消息迟滞型"、"不速之客"现象的出现。

2. 更多地邀请符合条件的供应商参加询价

被询价对象要由询价小组集体确定。询价小组应根据采购需求，从符合相应资格条件的供应商名单中，确定不少于三家的供应商，被询价对象的数量不能仅满足三家的要求。力求让更多的、符合条件的供应商参加到询价活动中来，以增加询价竞争的激烈程度。推行网上询价、传真报价、电话询价等多种询价方式，让路途较远、不便亲来现场的供应商也能参加询价。

3. 实质响应的供应商并非要拘泥于"三家以上"

前来参加并对询价文件作实质响应的供应商并非要人为硬性地达到三家，但是起码要达到两家以上。询价采购由于项目一般较小往往让大牌供应商提不起兴趣。如果非要达到三家，询价极可能陷入"僵局"。

4. 不得定牌采购

指定品牌询价是询价采购中的最大弊病，并由此带来操控市场价格和货源等一系列连锁反应，在询价采购中定项目、定配置、定质量、定服务而不定品牌，真正引入品牌竞争，将沉重打击陪询串标行为，让"木偶型"、"不速之客"绝迹于询价采购活动，让采购人真正享用到政府采购带来的质优价廉的好东西。

5. 不单纯以价格取舍供应商

法律规定"采购人根据符合采购需求、质量和服务相等且报价最低的原则确定成交供应商"，这是询价采购成交供应商确定的基本原则。过低的价格是以牺牲可靠的产品质量和良好的售后服务为条件的，无论是采购人还是供应商都应理性地对待价格问题。

三、供应商报价

采购人员应知晓供应商报价的分类，才能在供应商报价时做到心中有数。其具体分类如下。

（一）按采购诱因分类

供应商接到询价单后，会作出报价，报价可以说是采购行动的第一步。就采购诱因的观点来看：有供应商主动报价的；有因顾客需求企业主动寻求报价的；也有因企业本身商品结构的需要而寻求报价的。因此，可将报价归纳为主动报价及被动报价两种情况。

企业采购人员应有主动出击寻求质优价廉的供应来源的能力与意愿。因此，企业设计采购制度时，应预留一点弹性空间，让采购人员发挥，千万别过分限制。这样才能制定出良好且健全的采购标准。

（二）按途径分类

按途径划分，报价主要有以下两种。

1. 口头报价

口头报价是供应商通过电话或当面向采购人员说明报价内容。报价的商品则是买卖双方经常交易、规格简单且不易产生错误的，这样可以节省书面报价所必需的书写或邮寄时间。

2. 书面报价

供应商以自备的报价单或超市采购部门的投标单或报价单，将价格、交货日期、付款方式、交货地点等必要资料填入后，寄给超市采购部门；但金额较大时，有些公司规定报价单必须以密封方式寄给稽核或财务单位，以便将来公司拆封比价。

（三）按供应商报价的内容分类

若以供应商报价的内容划分，报价可分为以下两类。

1. 确定报价

这种报价是在一定期限内有效的报价，法律上视为确定要约。在报价有效期内，一旦对方提出接受即"承诺"，买卖双方的交易行为即告成立。因此发出确定报价的各项条件也即成为日后契约的主要条款。

确定报价是国际贸易间最普遍的一种报价。逾期对方不发接受（承诺）通知，即告失效；但对方接受时，若附有条件，也就是对原有报价部分条件进行变更，则原有"确定报价"自动失效，又成为一种新的要约。

2. 不确定报价

不确定性报价，也被称附有条件的报价（Conditionaloffer）。这种报价，法律上称为不确定要约。其形态十分复杂，具体又分为如下表所示的几种。

不确定报价的种类

序号	种 类	备 注
1	小受约束的报价	供应商是按当日市场行情报价,这种报价仅可作为参考价格或价格的通知
2	供应商确认后有效的报价	所报出的价格,必须经供应商确认后才可生效,这种报价相对来讲不受约束,既可向对方表示交易的诚意,又可提防风险
3	有权先售的报价	供应商以一批货物同时向两个以上顾客报价,如其中一人接受,则已售部分对后来接受者不产生效力
4	采购方看货后定的报价	此种方式对供应商极为不利;如果遇到市价狂跌的情况,采购方可以找借口拒绝购买,供应商则毫无保障

四、价格确定

通常采购基本是遵照质量第一、服务第二、价格第三、其余第四的方法。价格确定是采购谈判的一个核心,也是采购谈判中最活跃的因素。通常在采购谈判中有如下表所示的11种价格确定方法。

采购价格确定方法

序号	种 类	备 注
1	实绩法	参考过去的实际购价,算出欲购底价的方法
2	目标价格	从产品的卖价逆算采购品所需的目标单价
3	横向比较法	选出和对象品类似或共同的采购品,调查影响成本的参数(成本变动要因),将参数做横向的比较,算出大概希望以何价格购入
4	应用经验法	依据采购专家的判断,算出价格
5	估价比较法	比较两家以上的估价,参考具有有利条件那一家的估价,算出欲购单价
6	市场价格法	采购原材料、市场规格品时,参考网络上的报价,研究算出欲购价格
7	制造商价格法	参考制造商独自设定提出的规格品价格,算出单价的方法
8	实际成本法	作业完成后,按实际成本算出单价
9	科学简易算定法	将构成单价的各要素分别加以分析,算出欲购单价
10	采购价格标准法	作为追求标准成本价值的成本尺度,按照此成本尺度算出欲购成本
11	数量折扣分析法	对大量购买产品的顾客给予的一种减价优惠

第六节 采购压价技巧

采购价格谈判是采购人员与供应商业务人员讨价还价的过程。对于采购人员来说，是想办法压价的过程；而对于业务员来说，是固守报价的过程。而采购员在压价时应掌握如下图所示的技巧。

采购员在压价时应掌握的技巧

一、还价技巧

采购员谈判中还价技巧如下图所示。

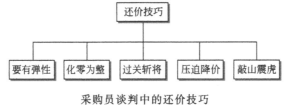

采购员谈判中的还价技巧

（一）要有弹性

在价格谈判中，还价要讲究弹性。对于采购人员来说，切忌漫天还价，乱还价格；也不要一开始就还出了最低价。前者让人觉得是在"光天化日下抢劫"，而后者却因失去弹性而处于被动，让人觉得有欠精明，从而使价格谈判毫无进行的余地。

（二）化零为整

采购人员在还价时可以将价格集中开来，化零为整。这样可以在供应商心理上造成相对的价格昂贵感，会比用小数目进行报价获得更好的交易。

这种报价方式的主要内容是换算成大单位的价格，加大计量单位。如：将"公斤"改为"吨"；"两"改为"公斤"；"月"改为"年"；"日"改为"月"；"小时"改为"天"；"秒"改为"小时"等。

（三）过关斩将

所谓"过关斩将"，即采购人员应善用上级主管的议价能力。通常供应商不会自动降价，采购人员必须据理力争。但是，供应商的降价意愿与幅度，视议价的对象而定。因此，如果采购人员对议价的结果不太满意，此时应要求上级主管来和供应商议价。当买方提高议价者的层次，卖方有受到敬重的感觉，可能同意提高降价的幅度。

若采购金额巨大，采购人员甚至可进而请求更高层的主管（如采购经理，甚至副总经理或总经理）邀约卖方的业务主管（如业务经理等）面谈，或直接由买方的高层主管与对方的高层主管直接对话，此举通常效果不错。因为，高层主管不但议价技巧与谈判能力高超，且社会关系及地位崇高，甚至与卖方的经营者有相互投资或事业合作的关系。因此，通常只要招呼一声，就可获得令人意想不到的议价效果。

（四）压迫降价

所谓压迫降价，是买方占优势的情况下，以胁迫的方式要求供应商降低价格，并不征询供应商的意见。这通常是在卖方处于产品销路欠佳，或竞争十分激烈，以致发生亏损和利润微薄的情况下，为改善其获利能力而使出的杀手锏。

此时采购人员通常遵照公司的紧急措施，通知供应商自特定日期起降价若干；若原来供应商缺乏配合意愿，即行更换供应来源。当然，此种激烈的降价手段会破坏供需双方的和谐关系；当市场好转时，原来委曲求全的供应商，不是"以牙还牙"抬高售价，就是另谋发展，因此供需关系难能维持良久。

（五）敲山震虎

在价格谈判中，巧妙地暗示对方存在的危机，可以迫使对方降价。

通过暗示对方不利的因素，从而使对方在价格问题上处于被动，有利于自己提出的价格获得认同。这就是还价法的技巧所在。但必须"点到为止"，而且要给人一种"雪中送炭"的感觉，让供应商觉得并非幸灾乐祸、趁火打劫，而是真心诚意地想合作、想给予帮助——当然这是有利于双方的帮助，那么还价也就天经地义了。

二、杀价技巧

采购谈判中的杀价技巧如下表所示。

采购压价的杀价技巧

序号	种类	具体技巧
1	开低走高	一开始就赶尽杀绝,三百的一杀就是一百五;然后逐档添价,步步紧迫;一百六、一百七,并故作大方状;"已添了这么多的价钱,你还好意思不卖?"
2	欲擒故纵	价钱杀不下来,索性不买了,掉头就走,借此迫使对方让步。人若给叫回来,买卖就成交了
3	疲劳轰炸、死缠不放	考验耐力,不断唇枪舌剑磨价钱。今天不成,明天再来。谁能坚持最后五分钟,谁就是此舌战的胜利者
4	百般挑剔	把产品数落一番。东说这不好,西说那不好,指出毛病一箩筐。借此挫低卖方士气,杀价目的或许可实现
5	博人同情	和供应商杀价时,可以这样说:"这种商品十全十美,中意极了。可惜我们资金有限,只能出这个价。"只要供应商心软,价钱就好谈了
6	施以哄功	循循善诱,希望供应商算便宜点,保证给其介绍大客户。予以利诱,使其立场软化、降低价格

三、让步技巧

采购人员应知的让步技巧具体如下。

◆ 谨慎让步,要让对方意识到你的每一次让步都是艰难的,使对方充满期待;并且每次让步的幅度不能过大。

◆ 尽量迫使对方在关键问题上先行让步,而本方则在对手的强烈要求下,在次要方面或者较小的问题上让步。

◆ 不做无谓的让步,每次让步都需要对方用一定的条件交换。

◆ 了解对手的真实状况,在对方急需的条件上坚守阵地。

◆ 事先做好让步的计划,所有的让步应该是有序的。并将具有实际价值和没有实际价值的条件区别开来,在不同的阶段和条件下使用。

四、讨价还价技巧

采购人员需知的讨价还价技巧如下页图所示。

(一)欲擒故纵

由于买卖双方势力均衡,任何一方无法以力取胜,因此必须斗智。采购人员应该设法掩藏购买的意愿,不要明显表露非买不可的心态;否则若被供应商识破非买不可的处境,将使采购人员处于劣势。

采购人员需知的讨价还价技巧

所以,此时采购人员应采取"若即若离"的姿态,从试探性的询价着手。若能判断供应商有强烈的销售意愿,再要求更低的价格,并作出不答应即行放弃或另行寻求其他来源的意向,通常,若采购人员出价太低,供应商无销售的意愿,则不会要求采购人员加价;若供应商虽想销售,但利润太低,即要求采购人员酌情加价。此时,采购人员的需求若相当急迫,应可同意略加价格,迅速成交;若采购人员并非迫切需求,可表明绝不加价的意思,供应商则极可能同意买方的低价要求。

(二)差额均摊

由于买卖双方议价的结果,存在着差距。若双方各不相让,则交易告吹:采购人员无法取得必需的商品,供应商丧失了获取利润的机会。因此,为了促成双方的成功交易,最好的方式就是采取"中庸"之道,即将双方议价的差额,各承担一半。

(三)迂回战术

在供应商占优势时,正面议价通常效果不好,此时应采取迂回战术才能奏效。

【案例】

某超市在本地的总代理购入某项化妆品,发现价格竟比同行业某公司的购入价贵。因此超市总经理要求总代理说明原委,并比照售予同行业的价格。但是总代理未能解释其中道理,也不愿意降价。因此,采购人员就委托原其国的某贸易商,先行在该国购入该项化妆品,再转运至超市。因为总代理的利润偏高,此种转运安排虽然费用增加,但总成本还是比通过总代理购入的价格便宜。

当然,此种迂回战术是否成功,有赖于运转工作是否可行。有些原厂限制货品越区销售,则迂回战术的执行就有困难。

（四）直捣黄龙

有些单一来源的总代理商，对采购人员的议价要求置之不理，一副"姜太公钓鱼，愿者上钩"的姿态，使采购人员有被侮辱的感觉。此时，若能摆脱总代理商，寻求原制造商的报价将是良策。

【案例】

> 某超市拟购一批健身器材，经总代理商报价后，虽然三番两次应邀前来议价，但总代理商却总是推三阻四，不切主题。后来，采购人员查阅产品目录时，随即发送要求降价12％的传真给原厂。事实上其只是存着姑且一试的心理。不料次日原厂回电同意降价，使采购人员雀跃不已、欣喜若狂。

从上述的事例中，可以看出采购人员对所谓的总代理应在议价的过程中辨认其虚实。因为有些供应商自称为总代理，事实上，并未与国外原厂签订任何合约或协议，只想借总代理的名义自抬身价，获取超额利润。因此，当采购人员向国外原厂询价时，多半会获得回音。但是，在产、销分离制度相当严谨的国家，如日本，则迂回战术就不得其门而入。因为原厂通常会把询价单转交当地的代理商，不会自行报价。

（五）哀兵姿态

在居于劣势情况下，采购人员应以"哀兵"姿态争取供应商的同情与支持。由于采购人员没有能力与供应商议价，有时会以预算不足作借口，请求供应商同意在其有限的费用下，勉为其难地将货品卖给他，而达到减价的目的。

一方面采购人员必须施展"动之以情"的议价功夫；另一方面则口头承诺将来"感恩图报"，换取供应商"来日方长"的打算。此时，若供应商并非血本无归，只是削减原本过高的利润，则双方可能成交；若采购人员的预算距离供应商的底价太远，供应商将因无利可图，不为采购人员的诉求所动。

（六）釜底抽薪

为了避免供应商处于优势下攫取暴利，采购人员应同意让供应商有"合理"的利润，否则胡乱杀价，仍然给予供应商可乘之机。因此，通常采购人员应要求供应商提供其所有成本资料。对国外货品而言，则请总代理商提供一切进口单据，借以查核真实的成本，然后加计合理的利润作为采购的价格。

五、直接议价技巧

即使面临通货膨胀、物价上涨时，直接议价仍能达到降低价格的功能。因此在议价协商的过程中，采购人员可以用直接议价的方式进行谈判。其具体技巧有四种，如下图所示。

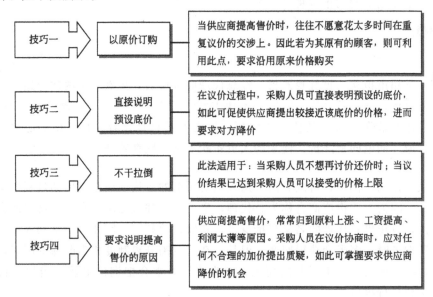

采购人员谈判中的直接议价

六、间接议价技巧

（一）针对价格的议价技巧

在议价的过程中，也可以以间接方式进行议价。采购人员可用下列三种技巧来进行协商。

◆ 议价时不要急于进入主题。在开始商谈时，最好先谈一些不相关的话题。借此熟悉对方周围事物，并使双方放松心情，再慢慢引入主题。

◆ 运用"低姿势"。在议价协商时，对供应商所提的价格，尽量表示困难，多说"唉！""没办法！"等字眼，以低姿势博取对方同情。

◆ 尽量避免书信或电话议价，而要求面对面接触。面对面的商谈，沟通效果较佳，往往可通过肢体语言、表情来说服对方，进而要求对方妥协，予以降价。

（二）针对非价格因素的议价技巧

在进行议价协商的过程中，除了上述针对价格所提出的议价技巧外，采购人员亦可利用其他非价格的因素来进行议价。其具体技巧如下。

1. 在协商议价中要求供应商分担售后服务及其他费用

当供应商决定提高售价，而不愿有所变动时，采购人员不应放弃谈判，但可改变议价方针，针对其他非价格部分要求获得补偿。最明显的例子便是要求供应商提供售后服务，如大件家电的维修、送货等。

在一般的交易中，供应商通常将维修送货成本加于售价中，因此常使采购人员忽略此项成本。所以在供应商执意提高售价时，采购人员可要求供应商负担所有维修送货成本，而不将此项成本进行转嫁。如此也能间接达到议价功能。

2. 善用"妥协"技巧

在供应商价格居高不下时，采购人员若坚持继续协商，往往不能达到效果。此时可采取妥协技巧，对少部分不重要的细节，可做适当让步，再从妥协中要求对方回馈。如此亦可间接达到议价功能。但妥协技巧的使用需注意以下几点。

◆ 一次只能做一点点的妥协，如此才能留有再妥协的余地。
◆ 妥协时马上要求对方给予回馈补偿。
◆ 即使赞同对方所提的意见，亦不要答应太快。
◆ 记录每次妥协的地方，以供参考。

3. 利用专注的倾听和温和的态度博得对方好感

采购人员在协商过程中，应仔细地倾听对方说明，在争取权益时，可利用所获得的对方资料或法规章程，进行合理的谈判。即"说之以理，动之以情，绳之以法"。

案例及分析

某企业生产线采购的谈判

一、谈判前

四川某市G工厂与C进口公司（以下称中方）联合组团赴法国巴黎与法国P公司（以下称法方）谈判铝电解电容器用铝箔生产线的技术与商务条件。由于工程进度要求,此行希望能够在过去双方技术交流的基础上完成最终签署合同的谈判。为此,该谈判组共有各类专家9人,时间定为两周。带队的是工厂的F厂长与C公司主管业务部门的B经理。

二、谈判中

（一）草拟技术文本

到了巴黎后,法方P公司总经理、生产经理、设备经理、律师迎战中方谈判组。技术谈判仅用了两天双方即交换了意见,进入了草拟技术文件的阶段。

（二）价格谈判

当进入价格谈判时,法方态度开始强硬,480万美元的报价,不论中方怎么说,在调整5％的价格后,就不动了。为了充分利用时间,中方建议价格谈判与合同文本谈判同时进行,法方表示同意。双方将人员分成两组,继续谈判。

（三）谈判失败

在法方律师与中方B经理的努力下,合同文本的大部分条款在两天之中也谈得差不多了,但价格小组的谈判几近停顿。更严重的是P公司的总经理不露面了,当问及对方律师时,答案是"他到国外开会去了。什么时候回来不知道"。中方谈判组陷于困境。

三、谈判失败后

（一）统一决定

中方决定最后先沉住气,等进一步摸清情况后,再做打算。于是决定分头行动,一部分人收集市场信息,以分析价格条件;另一部分人把握谈判形势,B经理设法与对方律师接触拉关系,套信息。

（二）套信息

B经理与律师联系上了,谈得还很投机。由于交易成功律师收入更高,最后他还想找机会游览中国,所以他也很乐意与中国人交朋友。两人很愿意单独约会。律师邀请B经理去他家作客,B经理欣然接受,因为这正是他需要的。最后律师同意尽量全力劝说P公司总经理及其助手到中国再次谈判。

四、谈判成功

P公司的谈判组几乎是巴黎谈判时的原班人马,只是多了总经理的夫人。在为法方人员接风的晚宴上,双方人员很兴奋,尤其总经理夫人更是高兴。她说："中国的菜,色、味、香俱全。不仅是艺术品,还是营养品。虽说法国菜不能与中国菜比,但在西餐中,法国菜第一。下次贵方到巴黎时,我一定要请你们品尝法国菜。"B经理接道："我们在两个月前到巴黎去过,并与您的丈夫商讨交易事宜。"总经理夫人惊讶地问："我怎么不知道呢？"她转身面对丈夫。总经理很尴尬地点头。B经理接着说："我们去巴黎没几天,总经理说要出差,把会停下来了。"这时,夫人盯着总经理的眼神变化很多,但仍说："把中国客人邀请来巴黎，自己却走了。这不太礼貌。"总经理的脸有些泛红，也不知是不好意思还是酒劲上涌。席间，说说笑笑，气氛还算融洽。双方看到了谈判成功的希望。

这次谈判仍分两组进行，一组谈判价格，另一组陪总经理夫人去游玩。由于这是上次谈判的继续，双方均同意先谈关键分歧点。虽然在巴黎时双方差距有50%，但这次谈判双方真正体现了互相配合求公正的态度。P公司承担了22%的差距，加上在巴黎谈判时改善的5%，总量达27%；中方承担了28%的差距，退让似乎比法方大，但总体差不多。双方人员迅速整理交易内容及合同文本，中方组织人员打印合同。在签字仪式后的庆祝宴会上（这次是法方出钱宴请中方），中心人物是P公司总经理的夫人，她替其丈夫招呼中方客人。中方人员一方面向总经理敬酒，一方面赞扬其夫人："她一出马，谈判就成功。"

● **分析参考**

本案反映海外谈判的另一种"冷"与"急"，中方谈判组的处理也提供了一个成功的案例。本案启示有如下几点。

（一）及时守住手中条件

在谈判中，法方态度强硬，不修改自己的不足之处，反而借故中断谈判，对于意在成交的中方压力很大。面对压力，中方冷静判断形势，并首先守住手中条件，这是处理此案中"冷"的最好方法。这么做既节省了谈判资源，又让对方的压力效果降至最低位，对法方还有反作用力的效果。

（二）审视谈判形势

守住条件固然重要，但明辨谈判形势更重要。谈判组分几路出击收集谈判信息，以进一步判断对方行为的真实意图，为后续谈判决策提供依据。尤其对律师的工作是该措施中的最成功之处，通过律师完成了调查任务，还完成了布局的任务。使中方谈判组以最佳状态在最佳时机撤出谈判，又使谈判有继续的可能。

（三）抓住再谈判的时机

中方对法方来华人员的安排令他们满意；对谈判议题抓住关键，使谈判整体气氛热烈，彼此配合地投入谈判，在这大好时机下一举解决原则分歧。中方抓住了这些时机因素，大大提高了谈判效率与成功概率，同时使成交条件更趋公正、公平。

（四）内部统一

不论是在巴黎的谈判还是在国内的谈判，中方谈判的整体性较好、思路连贯、全体人员工作步调一致，方使谈判思想得以全面贯彻。内部人员的思想统一，也是该案谈判成功的保证。

某国外政府采购招标的投标谈判

一、谈判背景

某国两年前开始对其国家某政府部门大批成套设备进行选择性招标采购，金额达几千万美元，投标方涉及英国、德国、南非及中国的十几个大公司。而各大公司各有优势，其中一些与该国家还有一定渊源。如德国以技术过硬、态度严谨、产品质量高等著称。在这种情况下，中国 A 公司准备参与竞争并积极作准备。

二、谈判前

（一）分析对手

在正式谈判前，A 公司首先仔细分析了该国的历史背景和社会环境及谈判对手的特点，其特点如下。

（1）其法律程序较为完善、条款细致而成熟、部门分工很细，并相互牵制且配置一系列监察部门，监督各部门工作。

（2）当地有势力的部族与上层社会、政府部门有千丝万缕的关系，并熟悉当地法律、法规、习惯做法与禁忌，影响着政府部门的各利益集团的决策。

（3）该国存在不同的民族、信仰不同的宗教。

（二）谈判准备

在分析谈判对手方后，A 公司决定一方面组织国内人员按正常程序准备投标文件、联系工厂并报价；另一方面派出团组到当地进行商务谈判。人员配置如下：公司总经理（副董事长）1 人、主谈 1 人、翻译 1 人、当地公司负责联络此事的代表 1 人。

三、谈判中

（一）领导的开场白

A 公司出席人员为公司领导、主谈判手及翻译，对方出席人员为决策者、副手及秘书。见面后，领导说了开场白，回顾了中国与该国家的传统友谊。并表明中方的态度：我们是一家人，要互相扶持，共同向前迈进。力图创造良好气氛以便提出要求。

（二）主谈判的谈判

接着主谈开始跟项目决策者及其副手谈 A 公司对于此项目的兴趣、A 公司的实力、产品的质量及价格优势。对方是上层社会的人，受过良好的教育，语速适中、声音平和，英文良好而且很注重礼仪，即便在 40 摄氏度的高温下，他们见客人都是西装革履。对方的态度很友好，但语气很含糊，只说会按程序办事，应允会把中国公司作为有资格中标的公司之一来考虑。

四、谈判失败后

（一）领导回国

领导向国内做了汇报，决定拨出一定的资金，给予谈判手一定的时间及便利

64

来促成这件事。领导安排好公关相关事宜后，留下其他人员继续工作，自己先行回国。

其他人员依计划工作期间，领导不再露面，但逢该国重大节日，以及对方人事的变动，领导都会发传真祝贺，通过贺电也向对方传递一些中国经济形势的信息。

（二）寻找代理

而 A 公司当地的联系人及代理不断将谈判对方以及竞争者的消息传递给 A 公司，以便 A 公司及时掌握对方的第一手资料。A 公司留在该国继续工作的人员及当地联系人通过消息灵通人士了解到某部族酋长在当地很有势力，与政府部门上下关系很密切，且长袖善舞，于是就花了一段不短的时间与之接触并建立了基于互相信任基础上的良好私人关系。

五、谈判成功

通过一次次与相关部门的接触和侧面的工作，A 公司顺利地获得选择招标的订单并获得对方政府的正式邀请与其公开正式就合同细节问题展开谈判。此时，公司领导再次出访与对方直接面谈，最终获得了此项目。

● **分析参考**

本案是投标过程中的谈判，除了投标标书的制作技巧外，贯穿其中的公关与谈判也十分重要。本案可参考之处如下。

（一）知己知彼，不打无准备之战

首先要研究谈判对手的文化背景、办事程序、决策者以及其与关键各部门之间的联系、社会关系和利益取向。此次投标，我方跟当地有优势的部族首领交朋友，委托其为公司代理，为我方游说上层官员，A 公司不直接接触政府官员，不给对方留下丝毫把柄。我方只给代理报价，加价由代理掌握，使其有足够的回旋余地，从而调动其经济性，为拿下项目奠定了基础。

（二）谈判组的各成员充分演好自己的角色

1. 领导

领导不用多说话，开场活跃气氛，引出下文就好。关键的作用是当主谈判发现问题时，领导要积极想办法，拿大主意，或为此事与更高层领导及时沟通，为谈判手疏通渠道，提供解决问题的必要手段。另外，领导不必频繁出场，以免被对方看轻。

2. 主谈

主谈判手要反应敏锐，要抓住本质，发现问题的根本所在，并积极与领导沟通，从而使对策顺利实施。

3. 公司当地联系人

公司当地联络人要积极提供情报，发掘重要关系及线索提供给主谈判手与领导,以便仔细分析并充分利用。

4. 翻译

翻译除了要尽职准确翻译外,有时还需客串润滑剂的作用。对谈判对方国家的历史、地理、文化及相关背景要提前了解,以便在谈判出现空当或暂时气氛紧张时想办法说一些轻松的话题,调节大家的情绪,使谈判顺利进行。

(三) 注意保密

一方面要通过各种渠道了解谈判对方及竞争者的动向;另一方面要严格做好保密工作,以免节外生枝,陷入被动。

(四) 善于利用并控制代理人

本案中,谈判对象为政府项目主管人和A公司代理人。选谁中标的谈判过程中一方要选对人,晓之以理,动之以利;另一方面要在前期花销上严格控制,对将来的预期利益,要以合理合法的方式令他及他的合作者坚信A公司的承诺在目标实现后一定会兑现。

(五) 重视当地习俗

1. 注重礼节

该国上层社会的人很注意礼节,很热的天气会客都是西装革履。而作为其谈判对手也不应因为天气炎热而穿短袖,那样比较失礼。

2. 上下级划分明确

该国政府官员上下级等级划分比较明确,称呼上不要图省事和随便,要将其头衔讲出来。

3. 民族及宗教信仰

该国家存在不同的民族、信仰不同的宗教。因此事先要弄清其宗教派系,避讳其禁忌的话题和忌口的食物。

4. 讲究派系

该国人比较讲究派系和内部关系,政府部门人员有各自的派系和消息灵通人士以及商业团体的支持者。

第二章
采购过程控制：合同管理

- ◆ 第一节　订立合同
- ◆ 第二节　采购合同的形式
- ◆ 第三节　采购合同管理
- ◆ 第四节　设备采购合同
- ◆ 第五节　物料采购合同
- ◆ 第六节　原材料采购合同
- ◆ 第七节　ODM 合同
- ◆ 第八节　政府采购合同

引 言

何谓合同？
　　合同即"契约"

合同是企业（供方）与分供方，经过双方谈判协商一致同意而签订的"供需关系"的法律性文件，合同双方都应遵守和履行，并且是双方联系的共同语言基础。签订合同的双方都有各自的经济目的，采购合同是经济合同，双方受"经济合同法"保护和承担责任。

签订合同不是采购目的，但合同可以确保采购活动顺利进行。

第一节　订立合同

一、签订采购合同的步骤

签约是指供需双方对合同的内容进行协商，取得一致意见，并签署书面协议的过程。采购员在签约合同时应遵照以下五个步骤。

签订采购合同的步骤：
1. 订约提议。
2. 接受提议。
3. 填写合同文本。
4. 履行签约手续。
5. 报请签约机关签证，或报请公证机关公证。

（一）订约提议

订约提议是指一方向对方提出的订立合同的要求或建议，也称要约。订约提议应提出订立合同所必须具备的主要条款和希望对方答复的期限等，以供对方考虑是否订立合同。提议人在答复期限内不得拒绝承诺。

（二）接受提议

接受提议是指被对方接受，双方对合同的主要内容表示同意，经过双方签署书面契约，合同即可成立，也称承诺。承诺不能附带任何条件，如果附带其他条件，应认为是拒绝要约，而提出新的要约。新的要约提出后，原要约人变成接受新的要约人，而原承诺人成了新的要约人。实践中签订合同的双方当事人，就合同的内容反复协商的过程，就是要约→新的要约→再要约→……直到承诺的过程。

（三）填写合同文本

填写合同文本时要注意格式如下。
（1）货物品种名称　一定要写全，不要简称。
（2）数量　不同规格要分开写，必要时标注大写。
（3）价格　不同规格要分开写。
（4）交货方式　自提、送货要注明，送货地点、时间要写清，是付费送货还是免费送货要注明。
（5）付款方式　可以先付一点定金，余款在到货验收合格后再付现金支票或限定期限内付清均可。

（四）履行签约手续

双方要按照合同文本的规定事项，履行相关的签约手续。具体的手续，也可由双方协商而定。

（五）报请签约机关签证或报请公证机关公证

有的经济合同，法律规定还应获得主管部门的批准或工商行政管理部门的签证。对没有法律规定必须签证的合同，双方可以协商决定是否签证或公证。

二、确保合同有效性的条件

采购人员签订合同时，要确保其合同的有效性，应把握的条件如下图所示。

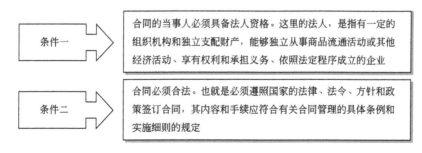

确保合同有效性的条件

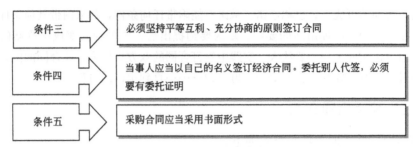

确保合同有效性的条件

三、签订采购合同的注意事项

采购人员在签订采购合同时应注意以下事项。

(一) 争取草拟合同

草拟合同时要把握草拟一方的优势。草拟合同的一方有巨大的优势,因为一方起草合同,会想起口头谈判时没有想到的一些问题。如果是采购方草拟合同,采购方可以拟写对自己有利的条款。

(二) 仔细阅读文本

签合同以前,必须从头到尾阅读当前的文本,为了防止对方对合同做了一些变动。应当注意,不得随意变更或者解除合同,除非有一个不得已的前提条件。变更和解除合同的时候已具一定的法律条件,造成损失时,应当承担相应的赔偿责任。提议变更和解除合同一方,应给对方重新考虑所需要的时间,在新的协议未签订之前,原来的合同仍然有效。

【案例】

　　　　　　　　　合同条款纠纷

例如:如某某条款需要日后处理,一定要写出日后几天,不能只是一个模糊概念。2008年4月4日,香港M公司向G公司在港的代理商K公司发来出售鱼粉的实盘,并规定当天下午5时前答复有效。该公司实盘的主要内容是:秘鲁或智利鱼粉,数量10000吨,溢短装5%,价格条款:CFR上海,价格每吨483美元。交货期:2008年5~6月,信用证付款,还有索赔以及其他的条件等。当天K公司与在北京的G公司联系后,将G公司的意见以传真转告M公司,要求M公司将价格每公吨483美元减少至当时的国际市场价480美元;同时对索赔条款提出了修改意见,并随附G公司提议的惯用的索赔条款,并明确指出:"以上两点若同意请速告知,并可签约。"

4月5日,香港M公司与G公司直接通过电话协商,双方各做让步,G公司同意接受每公吨483美元的价格,但坚持修改索赔条款,即:"货到45天内,经中国商检机构检验后,如发现问题,在此期限内提出索赔"。结果,M公司也同意了对这一条款的修改。至此,双方在口头上达成了一致意见。4月7日,M公司在电传中,重申了实盘的主要内容和双方电话协商的结果。同日G公司回电传给M公司,并告知由G公司的部门经理某先生在广交会期间直接与M公司签署合同。4月22日,香港M公司副总裁来广交会会见G公司部门经理,并交给他M公司已签了字的合同文本,该经理表示要阅后才能签字。4天后(4月26日)当M公司派人去取该合同时,部门的经理仍未签字。M公司副总裁即指示该被派去的人将G公司仍未签字的合同索回。5月2日,M公司致电传给G公司,重申了双方4月7日来往的电传内容,并谈了在广交会期间双方接触的情况,声称G公司不执行合同,未按合同条款规定开出信用证所造成M公司的损失提出索赔要求,除非G公司在24小时内保证履行其义务。

5月3日,G公司给M公司发传真称:该公司部门经理某先生4月22日在接到合同文本时明确表示:"须对合同条款做完善补充后,我方才能签字。"在买卖双方未签约之前,不存在买方开信用证的问题,并对M公司于4月26日将合同索回。G公司认为M公司已经改变主意,不需要完善合同条款而作撤约处理,没有必要再等我签字生效,并明确表示根本不存在要承担责任问题。5月5日M公司只电传给G公司,辩称,该公司索回合同不表示撤约,双方有约束立的合同仍然存在,重申要对所受损失保留索赔的权利。

5月6日,G公司作了如下答复:(1)买方确认卖方的报价,数量并不等于一笔买卖最终完成,这是国际贸易惯例;(2)4月22日,我方明确提出要完善,补充鱼粉合同条款时,你方只是将单方面签字的合同留下,对我方提出的要求不做任何表示;(3)4月26日,未等我方在你方留下的合同签字,也不提合同条款的完善、补充,而匆匆将合同索回,也没有提任何意见。现在贵公司提出要我开证履行,请问我们要凭其开证的合同都被你们撤回,我们怎么开证履约呢?上述说明,你方对这笔买卖没有诚意,等日后又重提此事。为此,我们对你方的这种举动深表遗憾。因此,我们也无需承担由此而引起的任何责任。

5月15日,M公司又电传给G公司,告知该公司副总裁将去北京,并带去合同文本,让G公司签字。

5月22日,M公司又电传给G公司,称:因M公司副总裁未能在北京与G公司人员相约会见,故将合同文本快邮给G公司,让其签字。并要求G公司答复是否签合同还是仍确认双方不存在合同关系,还提出如不确认合同业已存在,要G公司同意将争议提交伦敦仲裁机构仲裁。5月23日,G公司电传答复M公司，再次重申该公司5月3日和6日传真信件的内容。

6月7日，M公司又致电传给G公司，重述了双方往来情况，重申合同业已成立，再次要求G公司确认并开证。6月12日，G公司在给M公司的传真信件中除重申是M公司于4月26日将合同索回，是M公司单方面撤销合同。并告知，G公司的用户已将订单撤回，还保留由此而引起的损失提起索赔的权利。同时表示，在事隔一个多月后，G公司已无法说服用户接受M公司的这笔买卖，将M公司快邮寄来的合同文本退回。

6月17日和21日，M公司分别电告G公司和K公司，指出G公司已否认合同有效、拒开信用证等。M公司有权就此所受损失费用要求赔偿。双方多次的协商联系，均坚持自己的意见，因此始终未能解决问题。

2008年7月26日，香港M公司通过律师，向香港最高法院提起诉讼，告G公司违约，要求法院判令G公司赔偿其损失。

在这一则案例中，由于双方对合同条款争执不下，最终不得不诉诸法律。而在此之前，双方根本就没有对合同条款进行协商，也没有仔细地研究共同存在的问题。

第二节　采购合同的形式

一份买卖合同应该内容完整、叙述具体，否则容易产生法律纠纷。通常采购合同没有固定形式，但在签订采购合同时采购人员大体上还是应遵照：开头、正文、结尾、附件的形式。

一、开头

开头的内容应包括以下内容。

- ◆ 名称：如设备采购合同、原材料采购合同等。
- ◆ 编号：……。
- ◆ 签订时间：……。
- ◆ 签订地点：……。
- ◆ 买卖双方名称：……。
- ◆ 合同序言如："双方一致认同"、"特立下此和约"等。

【范例】

设备采购合同

工程名称：
合同设备名称：
合同号：

买方：
卖方：
合格供方编号：
签订日期：
签订地点：

A公司作为买方和B公司作为卖方，就下列合同文件于2009年10月11日签定本合同。

本合同以业主（ 003号文件 ）与买方签订的合同（即外合同，合同号08-04号）有关条款为基础，买方作为本合同的需方，按外合同相关条款履行其义务；卖方是本合同的供方，按外合同相关条款履行其义务。双方宗旨是履行好外合同。

二、正文

采购合同的正文条款构成了采购合同的内容，应当在力求具体明确、便于执行、避免发生纠纷。其应具备以下主要内容。

（一）产品的品种、规格和数量、价格

商品的品种应具体，避免使用综合品名；商品的规格应规定颜色、式样、尺码和牌号等；商品的数量多少应按国家统一的计量单位标出产品的价格。必要时，可附上商品品种、规格、数量明细表。

【范例】

经甲、乙双方经充分协商，达成如下协议，以资遵守。
一、甲方向乙方供应以下产品

品名	规格型号	单位	数量	单价	式样	尺码	牌号

（二）产品的质量标准

合同中应规定产品所应符合的质量标准，注明是国家标准或部颁标准；无国家标准和部颁标准的应由双方协商凭样订（交）货；对于副、次品应规定出一定的比例，并注明其标准；对实行保换、保修、保退办法的商品，应写明具体条款。

【范例】

二、合同物料的技术标准（包括质量要求）

需方企业物料代码	物料名称	规格	技术标准或要求

有上述标准的，或虽有上述标准，但需方有特殊要求的，按甲乙双方在合同中商定的技术条件、样品或补充的技术要求执行。

（三）产品的包装

对商品包装材料、包装式样、规格、体积、重量、标志及包装物的处理等，均应有详细规定。

【范例】

三、合同物料的包装标准、包装物的供应与回收

1. 合同物料的包装，按需方企业技术规定执行：_____。
2. 包装物标识规定：_____。
3. 如该合同物料没有需方产品的包装企业技术规定则按国家有关规定或采用适宜运输与保证质量的包装。
4. 合同物料的包装物，由乙方负责供应；包装费用，由乙方负责。如果甲方有特殊要求的，双方应在合同中商定。

甲方负责乙方要求回收的合同物料包装物的保护并统一地点存放。乙方应在七（7）天内将合同物料的包装物运走；否则，对包装物的任何问题甲方不负责。

（四）结算方式

合同中对商品的结算作出规定，规定作价的办法和变价处理等，以及规定对副品、次品的折扣办法；规定结算方式和结算程序。

【范例】

> 四、结算方式
>
> 货款结算方式为：每月二十五(25)日前结清截止上月二十五(25)日检验合格的合同物料的货款，扣除货款_____（说明：质量保证金可采用超额付款或在每次支付货款时扣除一定比例的方式）作为质量保证金，乙方根据余额开具发票，甲方以三(3)个月承兑汇票的方式支付货款（乙方如要求将承兑方式改为现汇支付，由乙方不低于月息0.28％贴息给甲方）。
>
> 质量保证金于双方终止业务来往的_____年内结清。第一年结算_____％，第二年结算_____％，第三年结算_____％。

（五）交货期限、地点和发送方式

交（提）货期限（日期）要按照有关规定，并考虑双方的实际情况、商品特点和交通运输条件等确定。同时，应明确商品的发送方式（送货、代运、自提）。

【范例】

> 五、交货
>
> 乙方应按甲方委外加工或采购生产通知单准时以汽车运输方式送货至甲方指定地点，由甲方仓库派员点收经检验合格后，开具收料单，运费由乙方负责。所送合同物料必须做到包装完整、标识明确、规格统一；并附送清单，做到数量与本委外加工或采购生产通知单相符，并在送货单上注明物料代码、名称、规格、数量、单位及生产厂的合格证。

（六）商品验收办法

合同中要具体规定在数量上验收和在质量上验收商品的办法、期限和地点。

【范例】

> 六、物料检验
>
> 甲方自合同物料入库之日起七个工作日内完成验收，验收标准与手段按照本合同第二条的规定或行业通行标准或国家标准执行。双方如对质量问题产生争议的，按甲方所在地质量监督检察机关检测结果为准。

（七）违约责任

签约一方不履行合同，违约方应负物质责任，赔偿对方遭受的损失。在签订合同时，应明确规定，供应者有以下三种情况时应付违约金或赔偿金。

（1）未按合同规定的商品数量、品种、规格供应商品。

（2）未按合同规定的商品质量标准交货。

（3）逾期发送商品。购买者有逾期结算货款或提货、临时更改到货地点等，应付违约金或赔偿金。

【范例】

> 七、违约责任
>
> 1. 甲方逾期交付的，如乙方同意收取，视为甲方完全履行合同。如乙方认为不再需要购买该产品，甲方应退还乙方支付的预付款。
>
> 2. 甲方交付的产品的规格与约定不符的，应当负责调换；数量与约定不符的，对于多出的部分，乙方可以选择按价接收或者退还甲方，对缺少的部分，甲方应负责补齐或减少相应价款。
>
> 3. 甲方交付的产品质量与约定不符，乙方同意收货的，双方应当按质重新约定价格。乙方不同意收货的，甲方应当更换。甲方不能更换的，应退还乙方支付的预付款。
>
> 4. 乙方迟延付款的，每迟延一日，按照迟延给付部分的万分之四支付违约金。

（八）合同的变更或解除

合同的变更或解除合同等情况，都应在合同中予以规定。

【范例】

> 八、合同的变更、解除
>
> 1. 合同期内,甲乙任何一方经协商一致均可变更或解除本合同。如有《合同法》第94条规定的解除合同条件的情况出现,均可解除合同。
>
> 2. 乙方连续或累计两个月未能按时交货的,或生产的合同产品发生重大质量事故的,甲方有权解除本合同,并有权要求乙方赔偿由此给甲方造成的损失。
>
> 3. 合同因任何原因而解除,乙方应在30天内将甲方所有为履行本合同而提供乙方使用的物品和材料,包括但不限于模具、商标标识、技术资料、供应商名单等,归还甲方。

(九) 不可抗力

在合同的执行过程中,发生了不可预测的、人力难以应付的意外事故的责任问题。

【范例】

> 九、不可抗力
>
> 甲乙双方的任何一方由于不可抗力的原因不能履行合同时,应及时向对方通报不能履行或不能完全履行的理由,在取得有关主管机关证明以后,允许延期履行、部分履行或者不履行合同,并根据情况可部分或全部免于承担违约责任。

(十) 合同的其他条款

合同的其他条款可以根据企业具体情况而定,但是在签定合同也必须给予说明,比如:保值条款;纠纷解决。

三、结尾

合同结尾部分包括以下内容。
(1) 合同的份数。

(2) 使用语言与效力。
(3) 附件。
(4) 合同签字生效日期。
(5) 双方签字盖章。

【范例】

> 十、其他
>
> 1. 按本合同规定应该偿付的违约金、赔偿金、保管保养费和各种经济损失,应当在明确责任后十天内,按银行规定的结算办法付清;否则按逾期付款处理。但任何一方不得自行扣发货物来充抵。
>
> 2. 解决合同纠纷的方式:执行本合同发生争议,由当事人双方协商解决。协商不成,双方同意由甲方所在地人民法院管辖。
>
> 3. 本合同一式三份,甲方执两份,乙方执一份,具同等法律效力。
>
> 4. 本合同经双方签字并加盖合同专用章后生效,有效期自_____年_____月_____日到_____年_____月_____日,或终止于合同完全履行或其他解除事由出现时。
>
> 5. 双方签订的《质量保证协议》、《业务交往若干问题备忘录》、《商标使用管理合同》、《知识产权保护协议》为本合同的附件。
>
> 甲方: 乙方:
> 授权代表: 授权代表:
> 日期:_____年____月____日　　日期:_____年____月____日

第三节　采购合同管理

一、履行采购合同的督导

买卖双方签订采购合同以后,有关卖方的生产计划、制造过程中抽检、物料的供应等有关作业,买方为了避免因卖方无法履约或交货,因此得以向卖方进行督导。一般督导履约的有关事项如下。

(一) 履约督导的一般规定

其具体规定如下。

- ◆ 为了供应商能如期交出适当的品质、数量，在签约后需进行督导。
- ◆ 履约督导要由验收单位或技术人员主办。
- ◆ 督导时发现问题应及时要求供应商改进，否则应请采购单位采取补救措施。
- ◆ 履约督导对于特殊案的采购要加强处理，例如，紧急采购、大宗采购、精密设备、技术性高的加工等。

（二）履约督导的方式

其具体方式有两种，如下图所示。

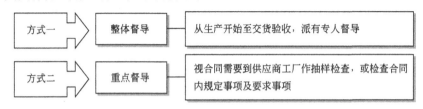

履约督导的方式

（三）国内采购对制造商履约督导要点

其具体要点如下。

- ◆ 原料准备是否充分，不足者有无补充计划？
- ◆ 设备及工具齐全否？
- ◆ 制造计划与合同所列品名、规格、数量是否相同？
- ◆ 预定生产进度的安排是否妥当？是否配合契约的交货期？

（四）国外采购时履约督导要点

1. 对贸易商的督导

与国外制造商联系的情形如何？是否有定期报告制造进度？预期交货的数量及船期的安排如何？进口日期为什么时候？国外厂商如果无法如期交货时，其补救办法如何？

2. 外购案如果由国外厂商直接报价而签约者

其履约督导可透过政府驻外单位寻求协助办理，或委托国外征信机构办理。

3. 外购案如果经由本公司驻国外采购单位办理者

履约督导可视该国实际情况而依照国内采购案的规定进行。

二、采购合同的修改

一般采购合同签订以后以不再变更为原则，但为了维护买方的共同利益，得经买卖双方共同协议对合同加以修改。但合同的修改必须在不损及买卖双方的利益及其他关系人的权益下进行。通常有下列情形时，须协议修改合同条款。

(一) 作业错误而经调查原始技术资料可予证实的

合同签订以后如发现作业有错误而须加以更正时，得以原始技术资料为准而经买卖双方协议加以修正，并将修正情形通知相关单位。

(二) 制造条件的改变而导致卖方不能履约的

由于合同履行督导期间发现因制造条件的改变，因而判定卖方不能履约，但因物料的供应不能终止合同或解约，重新订购无法应急时，买方可以协议适度地修改原合同后要求卖方继续履约。

(三) 以成本计价签约而价格有修订的必要的

以成本计价的合同，由于成本的改变、超过合同规定的限度时，买卖双方均可提出要求修订合同所订的总成本。但固定售价合同其价格以不再改变为原则，但如有下述情形时可协议修改。

◆ 由于生产材料的暴跌致使卖方获取暴利时，可协议修订价格。
◆ 由于生产材料的暴涨致使买方履约交货困难，解约重购对买卖双方不利时，可协议修订价格。

三、采购合同的取消

取消合同即是不履行合同的义务，因此为了公平的原则，不遵守合同的一方必须负发生取消合同的责任。但在法律上，到底哪一方须负担责任，应视实际情形来决定。一般取消合同大致有违约的取消、为了买方的方便而取消、双方同意取消合同三种情形，其具体内容如下。

（一）违约的取消

违反合同有两种情况，如下图所示。

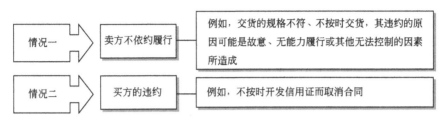

违反合同的两种情况

（二）为了买方的方便而取消

例如，买方由于利益或其他因素不愿接受合同的物质而取消合同，此时卖方可要求买方赔偿其所遭受的损失。

（三）双方同意取消合同

此种情形大都出于不可抗力的情形而发生的。

四、采购合同的终止

为维护买卖双方的权益，在采购合同内订有终止合同的条款。以便在必要时终止合同的全部或其中的一部分。

（一）采购合同终止的时机

在履约期间，因受天灾人祸或其他不可抗力的因素，使供应商丧失履约能力时，买卖双方均应要求终止合同。

有如下图所示的原因发生时，买方应要求终止合同。

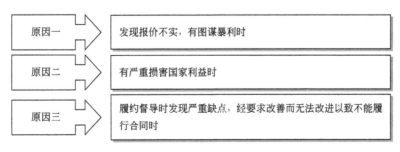

采购合同终止的原因

| 原因四 | 有违法行为而经查证属实者 |

采购合同终止的原因

（二）合同终止的赔偿责任

其具体赔偿责任如下。

（1）因需要变更而由买方要求终止合同者，卖方因而遭受的损失，由买方负责赔偿。

（2）因卖方不能履约，如果属于天灾人祸或不可抗力因素所引起的，买卖双方都不负赔偿责任。但如果卖方不能履约是属于人为因素，买方的损失由卖方负责赔偿。

（3）因特殊原因而导致合同终止的，买卖双方应负何种程度的赔偿责任，除合同中另有规定而依其规定外，应同有关单位及签约双方共同协议解决，如无法达成协议时则可采取法律途径解决。

（4）采购合同规定以收到信用证为准并订明在收到信用证以后多少日起为交货日期。由于其在开发信用证以前尚未具体生效，此时不论买卖双方是否要求终止合同，可直接通知对方而不负任何赔偿责任。

（5）信用证有效日期已过而卖方未能在有效期内装运并办理押汇时，买方应以不同意展延信用证日期而终止合同，此时买方不负任何赔偿责任。

（6）如果在交货期中终止合同时，除合同另有规定以外，合同的终止需经买卖双方协议同意后才可，否则可视实际责任要求对方负责赔偿。

（三）国内采购合同终止的规定

1. 买方终止合同

买方验收单位根据规定终止合同时，应立即通知卖方，并在通知书上说明合同终止的范围及其生效的日期。

卖方接获通知以后，应按照以下规定办理。

◆ 依照买方终止合同通知书所列范围与日期停止生产。

◆ 除为了完成未终止合同部分的工作所需外，不再继续进料、雇工等。

◆ 对于合同内被终止部分有关工作的所有订单及分包合同，应立即终止。

◆ 对于卖方对他人的订单及分包合同终止所造成的损失，可按终止责任要求赔偿。

◆ 对于终止合同内已制成的各种成品、半成品及有关该合同的图样、资料，依照买方的要求而送到指定的地点。

合同终止责任如属买方时，卖方在接获合同终止通知书后，可在六十天内申请赔偿。如卖方未能在规定的期间提出请求，则买方依情况决定是否给予卖方赔偿。

2. 卖方终止合同

合同终止责任如属卖方时，卖方应在接获合同终止通知书后，在规定期内履行赔偿责任。如果终止合同仅为原合同的一部分时，对于原合同未终止部分应继续履行。

第四节　设备采购合同

一、设备采购合同的定义和特点

（一）设备采购合同的定义

设备采购合同是供货方转移设备所有权于采购方，采购方支付价款的合同。

（二）设备采购合同的特点

设备采购合同属于买卖合同，具有买卖合同的一般特点。

（1）采购方与供货方订立设备采购合同，是以转移设备所有权为目的。

（2）设备采购合同中供货方转移财产所有权，采购方须以支付价款为代价。

（3）设备采购合同是双务、有偿合同。所谓双务有偿是指合同双方互负一定义务，供货方应当保质、保量、如期交付合同订购的设备，采购方应当按合同约定的条件接受货物并及时支付货款。

（4）设备采购合同是诺成合同。除了法律有特殊规定的情况外，当事人之间意思表示一致，设备采购合同即可成立，并不以实物的交付为合同成立的条件。

二、设备采购合同范本

购货单位：　　　　　　　　（以下简称甲方）
供货单位：　　　　　　　　（以下简称乙方）
签约地点：

为增加甲乙双方的责任感，确保实现各自经济目的，依据《中华人民共和国合同法》规定及招投标文件的内容，甲乙双方经友好协商，就甲方向乙方购买

达成如下协议。

一、合同标的（名称、规格、型号、单价等）

二、合同金额
合同总金额：人民币_____元
大　　写：人民币_____万元整

三、付款时间及方式
1. 合同分三批付款：在合同生效后　　天内，甲方向乙方支付合同总额　　%货款；设备安装调试完毕，并初步验收一周内，甲方向乙方支付合同总额　　%货款；设备正常运行　　天，经双方正式验收合格后一周内，甲方向乙方付合同总额　　%的货款；质保期满后付清余款（根据招标文件的有关规定加以变更及修改）。
2. 付款方式：
3. 在每期合同款项支付前　　天，乙方向甲方开具同等金额的增值税发票（根据实际情况加以约定）。

四、交货时间、地点、方式
1. 交货时间：合同生效后　　日内交货
2. 交货地点：
收货人名称：（应为签约单位名称）
地址：
3. 交货方式：乙方负责货物运输
4. 货运方式：汽运
5. 乙方将合同设备运至某工业城并经安装调试、投入使用并经过甲方验收合格后，方为设备交货日期。（根据实际情况约定交货日期及何为交货：如规定供方将设备安装调试、投入使用视为交货，则对设备通过甲方验收合格的时间约定明确）甲方在合同约定的交货地点提货，运输费及运输保险费均由乙方承担。合同设备的毁损、灭失风险自乙方完成交货后转移至甲方。
6. 乙方应在合同设备发运后一个工作日内将发运情况（发运时间、件数等）通知甲方，甲方应在合同设备到达合同列明的地点后及时将乙方所托运合同设备提取完毕。
7. 甲方提取合同设备时，应检查合同设备外箱包装情况。合同设备外箱包装无损，方可提货。如合同设备外箱包装受损或发现合同设备包装箱件数不符，应在　　个工作日内通知乙方，以便乙方办理合同设备遇险索赔手续。
8. 甲方对乙方交付的合同设备，均应妥善接收并保管。对误发或多发的货物，甲方应负责妥善保管，并及时通知乙方，由此发生的费用由乙方承担。
9. 如甲方要求变更交货地点，应在合同规定的交货日期十五天前通知乙方。由于变更发货地址增加的运保费由甲方承担。

五、验收时间、地点、标准、方式

1. 验收时间：乙方应于合同生效后　　天内完成设备安装调试，安装调试完毕后，甲方应在　　天内安排初步验收。设备于合同生效后　　天内通过双方的合格验收并由甲方出具验收合格书。

2. 验收地点：

3. 验收标准：

六、现场服务（建议根据实际情况加以约定）

1. 供方现场人员应遵守需方厂规、制度，如有违规，乙方负责。

2. 供方现场人员食宿自理。

3. 需方如需邀请供方开展非质量问题处理的技术服务，供应应予协助。

七、人员培训

乙方负责对甲方操作、维修人员和有关的工艺技术人员进行操作培训、维修培训、设备保养培训，使之完全掌握全部使用技术，以便使甲方人员正常地使用、维修保养设备（根据设备的技术要求，视具体情况加以约定或技术协议时详细约定；如无必要，可不约定）。

八、保修方式

1. 自设备经过双方验收合格之日起按生产厂家规定的条款进行免费保修服务，免费保修服务期限为　　年。保修期内，乙方必须在接到甲方保修通知后　　天内派人至甲方现场维修。

2. 保修期内，如由于火灾、水灾、地震、磁电串入等不可抗拒原因及甲方人为破坏因素造成的损坏，乙方负责免费维修，设备材料成本费用由甲方承担。

3. 保修期后，乙方必须在接到甲方维修通知后　　天内派人至甲方现场维修。设备的维修、更换，甲方酌情收取成本费和服务费，收费标准另行约定。

九、违约责任

1. 甲方无故中途退货，应支付乙方合同总额的5‰违约金（如对方提出类似条款时可作此约定，否则，建议删除此款）。

2. 甲方逾期付款，每逾期一天，应支付乙方合同总额2‰的违约金，违约金累计总额不超过合同总额的5‰（如对方提出类似条款时可作此约定，否则，建议删除此款）。

3. 乙方逾期交货，每逾期一天，应支付合同总额1‰的违约金，违约金累计总额不超过合同总额的30％。逾期交货超过　　天，视为交货不能，乙方应双倍返回甲方已付款项，甲方有权解除合同并要求乙方支付合同金额30％违约金。

4. 保修期内，乙方未能在合同约定的期限内履行保修义务，每迟延一天，乙方向甲方支付合同金额1‰的违约金并赔偿甲方其他经济损失，违约金累计总额不超过合同总额的30％，乙方超过三十天仍未履行保修义务，甲方有权解除合同并要求赔偿经济损失；乙方未能在接到甲方通知三十天内将设备维修至正常使用的状态，甲方有权要求乙方换货或解除合同并要求乙方赔偿经济损失。保修期后，乙方未能在合同约定的期限内履行维修义务，每迟延一天，乙方向甲方支付合同金额1‰的违约金并赔偿甲方其他经济损失，违约金累计总额不超过合同总额的30%。

5. 设备未按照合同之约定通过甲方验收合格，每迟延一天向甲方支付合同总额1‰违约金；超过　　天仍未验收合格，甲方有权解除合同，乙方应立即返还已收款项并赔偿甲方由此遭受的其他经济损失。

十、不可抗力

如发生不可抗力事件，受不可抗力事件影响的一方应取得公证机关的不能履行或不能全部履行合同的证明，并在事件发生后十五（15）个工作日内，及时通知另一方。双方同意，可据此免除全部或部分责任。

十一、合同变更

未尽事宜，双方协商解决；合同的变更及修改须经双方同意，以书面形式变更。

十二、争议解决方式

双方如发生争议，应协商解决；如协商不成，任何一方应向甲方所在地人民法院提出诉讼。

十三、合同生效及终止

合同自双方签字并盖章后生效，双方权利义务履行完毕后，合同终止。

十四、合同一式四份，双方各执两份，具有同等法律效力。

甲方：　　　　　　　　　　　乙方：

代表：　　　　　　　　　　　代表：

日期　　　　　　　　　　　　日期

第五节　物料采购合同

一、物料采购合同的定义和特点

（一）物料采购合同的定义

物料采购合同是采购方向供货方采购所需的原料、用料、零件配件，并向供货方支付价款的合同。

（二）物料采购合同的特点

物料采购合同属于买卖合同，具有买卖合同的一般特点。

（1）采购方与供货方订立物料采购合同，是以购买物料为目的。

（2）物料采购合同中供货方出售物料，采购方须以支付价款为代价。

（3）物料采购合同是双务、有偿合同。所谓双务、有偿是指合同双方互负一定义务，供货方应当保质、保量、如期交付合同订购的物料，采购方应当按合同约定的条件接受货物并及时支付货款。

（4）物料采购合同是诺成合同。除了法律有特殊规定的情况外，当事人之间意思表示一致，物料采购合同即可成立，并不以实物的交付为合同成立的条件。

二、物料采购合同的范本

需方单位： 以下简称甲方

地址：

法定代表人：

营业执照证号：

供方单位： 以下简称乙方

地址：

法定代表人：

营业执照证号：

合同编号： 合同签订地点：

为发挥各自优势，友好合作，同创共赢，甲乙双方经友好协商就_____物料（以下简称合同物料）的供需事宜达成一致。为明确双方权利与义务，特订立本合同，以便共同遵守。

一、合同物料的名称、规格、计量单位、价格

需方企业物料代码	物料名称	规格	单位	价格/元	数量	备注

1. 乙方应每月向甲方通报合同物料的相关材料的价格信息，以使甲方合同物料的定价做到透明合理。乙方如对合同物料的价格进行调整，应提前十五（15）天（说明：提前通知的时间由业务部门根据产品性质自行确定，此时间供

参考）书面通知甲方。如双方协商一致，可签订新的价格表或合同。

2. 以上价格均为含增值税价，在合同规定的交货或提货期内，如遇市场或甲乙双方商定调整价格时，对合同交货当月（季）实行"遇涨不涨，遇降不降"。乙方逾期交货的，遇价格上涨时，按原价执行；遇价格下降时，按新价执行。

3. 为确保甲乙双方长期有效的合作关系，乙方提供给甲方的合同物料必须最具市场竞争力。如乙方销售与合同物料类似的产品给其他客户，则乙方必须保证合同物料与这些类似产品相比价格最低；在其他厂家能以比乙方更低的价格提供相同质量的合同产品时，甲方有权要求乙方在保证质量的前提下，将价格调整到与其他厂家相同或更低。乙方在甲方提出要求之日起十五（15）天内不予调整价格也不能合理说明原因的，甲方可以终止本合同的履行。

4. 合同物料交货数量的正负尾差、合理磅差和在途自然减（增）量规定及计算方法：_____（说明：如有计算方法请详细写明，否则请删除此条）。

二、合同物料的技术标准（包括质量要求）

需方企业物料代码	物料名称	规格	技术标准或要求

没有上述标准的，或虽有上述标准，但需方有特殊要求的，按甲乙双方在合同中商定的技术条件、样品或补充的技术要求执行。

三、合同物料的包装标准、包装物的供应与回收

1. 合同物料的包装，按需方企业技术规定执行：_____。

2. 包装物标识规定：_____。

3. 如该合同物料没有需方产品的包装企业技术规定则按国家有关规定或采用适宜运输与保证质量的包装。

4. 合同物料的包装物，由乙方负责供应；包装费用，由乙方负责。如果甲方有特殊要求的，双方应在合同中商定。

5. 甲方负责乙方要求回收的合同物料包装物的保护并统一地点存放。乙方应在七（7）天内将合同物料的包装物运走；否则，对包装物的任何问题甲方不负责。

四、运输（交货）

乙方应按甲方委外加工或采购生产通知单准时以汽车运输方式送货至甲方指定地点，由甲方仓库派员点收，经检验合格后，开具收料单，运费乙方负责。所

送合同物料必须做到包装完整、标识明确、规格统一；并附送清单，做到数量与本委外加工或采购生产通知单相符，并在送货单上注明物料代码、名称、规格、数量、单位及生产厂的合格证。

五、货款的结算

1. 货款结算方式为：每月二十五（25）日前结清截止上月二十五（25）日检验合格的合同物料的货款，扣除货款_____（说明：质量保证金可采用超额付款或在每次支付货款时扣除一定比例的方式）作为质量保证金，乙方根据余额开具发票，甲方以三（3）个月承兑汇票的方式支付货款（乙方如要求将承兑方式改为现汇支付，由乙方不低于月息0.28％贴息给甲方）。

2. 质量保证金于双方终止业务来往的____年内结清。第一年结算____％，第二年结算____％，第三年结算_____％。

六、验收方法

甲方自合同物料入库之日起七（7）个工作日内完成验收，验收标准与手段按照本合同第二条的规定或行业通行标准或国家标准执行。双方如对质量问题产生争议的，按甲方所在地质量监督检察机关检测结果为准。

七、对合同物料提出异议的时间和办法

1. 甲方在验收过程中，如果发现合同物料的品种、型号、规格、花色和质量不符合规定，应妥为保管并在____天内向乙方提出书面异议。书面异议中，应说明合同号、运单号、车或船只、发货和到货日期；不符合规定的合同物料的名称、型号、规格、花色、标志、牌号、批号、合格证或质量保证书号、数量、包装、检验方法、检验情况和检验证明；提出不符合规定的合同物料的处理意见。在付款期内，甲方有权拒付不符合合同规定部分的货款。

2. 乙方在接到需方书面异议后，应在_____天内负责处理，否则即视为默认甲方提出的异议和处理意见。

3. 合同物料在用于甲方生产过程中出现质量问题，乙方应对此负全部责任，甲方负责协助。造成甲方无法正常使用的材料，乙方应负责退、换。由此引起所涉及的货款无法按时支付的，甲方不承担任何责任，但由此造成甲方不能生产或延误的，其损失由乙方承担赔偿责任。

4. 合同物料出现售后质量问题的，由甲方将存在问题的产品提交甲方所在地质量监督检查机关检测，报告确认属乙方责任的，由乙方承担全部责任。

八、乙方的违约责任

1. 乙方不能按时、按质、按量交货的，根据不同情况进行处理，具体如下。

（1）因质量问题批次检验不合格退货的，扣罚当批货值的5％，但不低于500元，不高于5000元；在甲方通知乙方后，乙方做出返工、挑选、重新生产或其他手段在原订要求的交货期内重新提交合格批产品；不能在原订单要求的交货期内重新提交合格批产品的，应及时知会甲方，并按第（4）条接受扣罚。

（2）因质量问题批次检验不合格让步接收的，扣除当批货值的10%。

（3）因批次或零星不合格（料废）造成停工、返工或全检的，按未能按期按量交货造成停工处理，按50元/工时累计扣罚，物料损失由乙方负责。

（4）未能按期、按量交货或不合格造成计划调整的，扣罚违约金3000元/次。

（5）未能按期、按量交货或不合格造成出货延误，批次或零星不合格（料废）造成出货延误的，扣罚违约金5000元/次，损失另计。

（6）故意将不合格物料混放在合格品中，或明知是不合格品却冒充合格品的，扣罚20000元以上的违约金，情节严重的除罚款外取消供应商资格。

（7）未经确认，私自更换、更改原材料、零部件规格型号或供应厂家，扣罚20000元以上的违约金，情节严重的除罚款外取消供应商资格。

（8）送货实物数量或重量不足，扣除欠数货值10～100倍的违约金。

2. 乙方所交的合同物料品种、型号、规格、花色、质量不符合合同规定的，除按以上进行扣罚外，乙方还必须负责包换或包修，并承担修理、调换或退货而支付的实际费用。乙方不能修理或者不能调换的按不能交货处理。

3. 乙方因合同物料的包装不符合合同规定，除按以上进行扣罚，乙方必须返修或重新包装的，乙方应负责返修或重新包装，并承担支付的费用。甲方不要求返修或重新包装而要求赔偿损失的，乙方应当偿付甲方该不合格包装物低于合格包装物的价值部分。因包装不符合规定造成货物损坏或灭失的，乙方应当负责赔偿。

4. 乙方提前交货的、多交的和品种、型号、规格、花色、质量不符合合同规定的合同物料，甲方在代保管期内实际支付的保管、保养等费用以及非因甲方保管不善而发生的损失，由乙方承担。

5. 乙方提前交货的，甲方接货后，仍可按合同规定的交货时间付款；合同规定自提的，甲方可拒绝提货。乙方逾期交货的，乙方应在发货前与甲方协商的，甲方仍需要的，乙方应照数补交，并负逾期交货责任；甲方不再需要的，应当在接到乙方通知后十五（15）天内通知乙方，并自动解除乙方未按时完成部分的订购计划。

6. 合同物料错发到货地点或接货人的，乙方除负责应运交合同规定的到货地点或接货人外，还应承担甲方因此多支付的一切实际费用和逾期交货的违约金，并承担此增加的费用。

九、甲方的违约责任

1. 甲方逾期付款的，应按照中国人民银行有关延期付款的规定向乙方偿付逾期付款的利息。

2. 甲方无正当理由拒绝接货的，应当承担由此造成的损失；甲方如错填到货地点或接货人，应当承担乙方因此所受的损失。

十、合同的变更、解除

1. 合同期内，甲乙任何一方经协商一致均可变更或解除本合同。如有《合同法》第94条规定的解除合同条件的情况出现，均可解除合同。

2. 乙方连续或累计两个月未能按时交货的，或生产的合同产品发生重大质量事故的，甲方有权解除本合同，并有权要求乙方赔偿由此给甲方造成的损失。

3. 合同因任何原因而解除，乙方应在三十（30）天内将甲方所有为履行本合同而提供乙方使用的物品和材料，包括但不限于模具、商标标识、技术资料、供应商名单等，归还甲方。

十一、不可抗力

甲乙双方的任何一方由于不可抗力的原因不能履行合同时，应及时向对方通报不能履行或不能完全履行的理由，在取得有关主管机关证明以后，允许延期履行、部分履行或者不履行合同，并根据情况可部分或全部免于承担违约责任。

十二、其他

1. 按本合同规定应该偿付的违约金、赔偿金、保管保养费和各种经济损失，应当在明确责任后十天内，按银行规定的结算办法付清；否则按逾期付款处理。但任何一方不得自行扣发货物来充抵。

2. 解决合同纠纷的方式：执行本合同发生争议，由当事人双方协商解决。协商不成，双方同意由甲方所在地人民法院管辖。

3. 本合同一式三份，甲方执两份，乙方执一份，具同等法律效力。

4. 本合同经双方签字并加盖合同专用章后生效，有效期自_____年____月____日到_____年____月____日，或终止于合同完全履行或其他解除事由出现时。

5. 双方签订的《质量保证协议》、《业务交往若干问题备忘录》、《商标使用管理合同》、《知识产权保护协议》为本合同的附件。

十三、其他需约定事项

1. _____
2. _____
3. _____
4. _____

甲方：   乙方：

授权代表：   授权代表：

日期：____年____月____日   日期：____年____月____日

第六节 原材料采购合同

一、原材料采购合同的定义和特点

(一) 原材料合同的定义

原材料合同是采购方向供货方采购所需的原料和材料,并向供货方支付价款的合同。

(二) 原材料合同的特点

原材料采购合同属于买卖合同,具有买卖合同的一般特点。

(1) 采购方与供货方订立原材料采购合同,是以购买原材料为目的。

(2) 原材料采购合同中供货方出售原材料,采购方须以支付价款为代价。

(3) 原材料采购合同是双务、有偿合同。所谓双务、有偿是指合同双方互负一定义务,供货方应当保质、保量、如期交付合同订购的原材料,采购方应当按合同约定的条件接受货物并及时支付货款。

(4) 原材料采购合同是诺成合同。除了法律有特殊规定的情况外,当事人之间意思表示一致,原材料采购合同即可成立,并不以实物的交付为合同成立的条件。

二、原材料合同范本

合同编号:

甲方:

乙方:

经甲、乙双方友好协商,本着平等互利的原则,根据《中华人民共和国合同法》及相关法律法规的规定,现就乙方向甲方供应生产物资事宜,达成一致意见。为明确双方权利和义务,特订立本合同。

一、订购产品名称

二、订购产品数量

三、质量标准

1. 甲方授权乙方供应符合国家质量标准和甲方生产要求的货物。乙方的货物必须符合规定的标准和随货文件要求。

2.

四、产品规格及价格

1. _____。
2. _____。

五、付款方式

双方选择以下第　　种方式支付货款。

1. 翻单结算。即第二批货物到甲方厂区指定地点后，甲方向乙方支付第一批货款。以后依次类推下次送货结算上次货款。

2. 留质保金结算。即乙方前一期货物送达且验收合格后，留下_____元作为质量保证金，其余款项货到后当月内付清。合同期限届满，货物没有发生质量问题，质量保证金全部退还乙方。

3. 货物运到甲方后，经检验合格，卸货后____日内付款。

六、产品包装要求及规格（包装费用已包含在货物价格内）：_____。

七、交货地点：_____。运费由乙方负担。运输过程中货物毁损、灭失等各种风险均由乙方承担责任。

八、供货时间

1. 乙方在收到甲方首批传真订单（或电话、短信通知）____个工作日内将货物送至合同指定地点。重复订单，____个工作日内将货物送至合同指定地点。

2. _____。

九、双方的权利和义务

1. 如果供应的货物行情有较大幅度的变化，经双方协商可根据市场价格对供货产品的价格做出必要的调整。协商不成，仍按原条款执行。

2. 如乙方提供的货物包装或产品规格不符合要求，甲方有权拒收货物。如甲方拒收，乙方必须按照本合同的约定另行提供符合要求的货物，且由此造成的各种损失均由乙方承担责任。

3. 乙方必须向甲方提供生产企业资质证明、营业执照及相关的手续。其提供的产品，必须符合相关的国家、行业或企业标准，并随货附带生产许可证、产品合格证、化验报告等手续。

4. 甲方应在乙方所送的货物到达后及时进行质量检测，如发现质量问题，乙方须立即现场处理善后事宜。因此给甲方造成损失的，乙方应承担甲方为此支付的所有费用（包括但不限于赔偿的费用、必要的律师费、罚款等）。

5. 因乙方产品内在质量问题，引发甲方生产或质量事故，造成甲方损失的，乙方应赔偿甲方为此支付的所有费用（包括但不限于赔偿的费用、必要的律师费、罚款等）。此责任不因甲方已进行质量监测而免除。

6. 如乙方未按照本合同第六条规定的时间送货、送货迟延或货物的数量与合同约定不符，应赔偿甲方违约金_____元。

7、双方都应保守对方的商业机密。

十、补充协议：_____。

十一、特别声明条款：_____。

十二、合同有效期：_____年___月___日起至_____年___月___日止。

十三、本合同一式两份，甲乙双方各持一份，具有同等法律效力，双方签字盖章后生效。双方发生争议时，协商解决，协商不成任何一方均有权向甲方所在地人民法院提起诉讼。

十四、合同签订地：

甲方（盖章）：	乙方（盖章）：
法人代表：	法人代表：
委托代理人：	委托代理人：
电话：	电话：
传真：	传真：
开户行：	开户行：
账号：	账号：
签字日期：____年___月___日	签字日期：____年___月___日

第七节　ODM 合同

一、ODM 合同的定义和特点

（一）ODM 合同的定义

ODM，即 Original Design Manufacture（原始设计商）的缩写。

ODM 合同是受委托方根据委托方的规格和要求，设计和生产产品，并由委托方支付受委托方价款的合同。

（二）ODM 合同的特点

ODM 合同属于买卖合同，具有买卖合同的一般特点。

（1）委托方与受委托方订立 ODM 合同，是以购买知识产权为目的。且被委托方不得为第三方提供采用该设计的产品。

（2）ODM 合同中受委托方转让知识产权，委托方须以支付价款为代价。

（3）ODM 合同是双务、有偿合同。所谓双务、有偿是指合同双方互负一定义务，受委托方应当保质、保量、如期交付合同规定的知识产权，委托方应当按合同约定的条件接受产权并及时支付货款。

（4）ODM合同是诺成合同。除了法律有特殊规定的情况外，当事人之间意思表示一致，ODM合同即可成立，并不以实物的交付为合同成立的条件。

二、ODM合同范本

甲方：
地址：
法定代表人：
营业执照证号：

乙方：
地址：
法定代表人：
营业执照证号：
合同编号：　　　　　　　　合同签订及履行地：

序：

甲乙双方本着互惠互利、资源共享、共同发展的原则，经友好协商，就甲方授权乙方定点生产的"××"牌_____和甲方其他定牌产品（下称合同产品）并由甲方负责收购的合作行为达成一致共识，为明确双方权利、义务，特订立本合同（说明：序言中还可对合作宗旨、目的、原则等事项做出进一步的说明）。

一、本合同"产品收购"的定义

乙方利用其人力、设备、场地等资源在甲方相关人员指导、监督下，根据甲方的采购、生产、检验、管理要求，为甲方生产合同产品，由甲方收购并支付货款的行为（说明：以上是ODM合作方式的定义，如采用OEM合作方式，请用以下文字替换：乙方利用其人力、设备、场地等资源，按照甲方的设计图纸，在甲方相关人员指导、监督下，根据甲方的采购、生产、检验、管理要求，为甲方生产合同产品，由甲方收购并支付货款的行为）。

二、"合同产品"的名称、型号、规格、价格（含税价）

1. "合同产品"的名称、型号、规格、价格

以双方确认的《合同产品收购清单》（附一）为准。如甲方要求乙方生产本合同规定产品以外的新产品时，应参照本合同的主要条款内容与乙方签订《新增收购产品补充协议》，作为本合同的补充。

2. 价格的确定

（1）为确保甲乙双方长期有效的合作关系，乙方提供给甲方的合同产品必须最具市场竞争力。如乙方销售与合同产品类似的产品给其他客户，则乙方必须保证给合同产品与这些类似产品相比价格最低；在其他厂家能以比乙方更低的价格提供相同质量的合同产品时，甲方有权要求乙方在保证质量的前提下，将价格调整到与其他厂家相同或更低。乙方在甲方提出要求之日起十五（15）天内不予调整价格也不能合理说明原因的，甲方可以终止本合同的履行（说明：这里是确定一种我方能够主动调整价格的机制，并使我方掌握合同履行期限的主动权。因为本合同限定外协企业不能为第三方生产合同产品，所以此条款提出其他厂家价格更低，但如合同中未限制外协企业为第三方生产合同产品，则可约定，外协企业提供给我方的产品的价格不能高于提供给第三方的价格）。

（2）乙方必须持续不断地进行产品技术创新，努力进行供应渠道的开拓，确保合同产品具有持续的市场竞争力。甲方有义务帮助乙方开展上述业务。

（3）双方对合同产品的材料成本进行分析，依照双方确认的《合同产品材料成本明细表》（附二）确定价格收购。

（4）如甲方认为乙方所提供原材料、零部件单价不合理，可以低于乙方提供价，在质量经过甲、乙方确认的基础上，借甲方名义采购后向乙方提供原材料、零部件，或者由乙方直接更改供应商。同时，双方原材料、零部件价格差也应从上表收购结算单价中扣除。

（5）对于合同中，乙方向甲方采购的原材料和零部件，有本条第4项确定的价格的，按该价格；没有的，按《合同产品材料成本明细表》中的价格；上两项价格均没有的，由双方核定价格。

（6）由于市场价格变化，单一型号产品所用的原材料、零部件整体价格升降超过＿＿＿＿％（说明：具体幅度由业务部门根据产品性质自行确定，建议在5％～15％的范围内选择）时，双方可在此事项发生后十五（15）天内重新核定价格，但须有双方认可的确凿证据，并形成书面补充协议后才能开始执行。

（7）在原基本型产品基础上进行结构、材料等局部改变而形成的派生产品及由甲方独立完成开发设计的新产品结算价格，按照本条规定确定价格。

三、双方就合同产品所需模具的约定

1. 甲方采购乙方原有产品，乙方在与甲方合作前已完成模具制造的，模具的所有权、知识产权归乙方所有，但双方另有约定的除外（说明：业务部门可考虑，对于经评估确定有较大市场与发展潜力的产品，通过分摊消化的方式将乙方模具收购）。

2. 甲方提供给乙方用于合同产品生产的模具，模具所有权归甲方所有。

3. 模具的使用、维修、保养及费用承担：由乙方承担。

4. 双方在合作期间新制模具的,由双方另行签订《模具若干问题的协议》。

四、合同产品的生产计划衔接

1. 甲方每月 12 日前以传真或数据电文方式（下同）向乙方下达次月生产准备计划。乙方如对此生产准备计划无异议,需于 14 日前对计划进行确认并传回甲方。

2. 乙方如估计自身生产能力不足,无法按计划接单,甲乙双方至迟于每月 20 日前协商确认下月生产数量。

3. 甲方每月 25 日前向乙方下达次月《_____月份生产通知单》（附三）。

4. 《生产通知单》（订单）一经确认,双方必须严格执行。甲方如中途更改计划或改变技术标准,应即时向乙方下达《生产变更通知单》（附四）及技术文件并应按甲方更改的计划进行生产。如乙方对原计划存在"已备料并生产"情况的,经甲方确认属实后,甲方接收乙方按计划要求已生产并经检验合格的合同产品。

5. 当甲方要求对原设计进行更改或替代时,乙方应积极配合甲方的要求,对原设计进行更改或替代。

6. 甲方的生产准备计划与生产通知单为非滚动计划。

7. 非不可抗力原因,对于甲方所下达的数量少于_____台的《_____月生产通知单》,乙方必须接受。

五、产品技术、质量标准与控制

1. 产品技术、质量标准

（1）乙方生产的合同产品须按甲方制定的安全、性能检验标准执行。合同产品出厂的技术质量要求、检验项目及检验规则按经甲方审核确认的成品检验标准执行。零部件的技术质量要求、检验项目及检验规则按甲方审核确认的物料检查标准要求执行。

（2）乙方为甲方免费提供各种型号的合格产品各_____台,经甲方或有关部门检测合格后,由双方共同封样交甲方保存。双方如对合同产品质量发生争议时,以国家标准、行业标准及甲方或乙方企业标准并结合封样产品的质量,对合同产品的质量进行综合判定。

2. 产品质量控制过程中相关费用分摊

（1）乙方承诺免费提供下列样品。

① 甲方为申请各类认证所需的。

② 定期送相关检测机构进行质量检测的。

③ 甲方定期做型式试验的。

（2）如乙方须在甲方处做型式试验,乙方应承担相关试验费用的,每年结算一次,并在货款中冲减。

(3) 如国内外认证机构需对合同产品进行巡厂评审，乙方同意支付相关审厂费用。

3. 产品质量控制

(1) 乙方须先按甲方提供的相关资料、首样等要求，制作样品，并经甲方检验合格后，进行小批量生产。小批量产品质量经甲方检测合格确认后，才能进入批量生产。

(2) 甲方有权向乙方派驻技术管理人员并对乙方的产品、材料、零部件及生产装配过程随时进行抽检；乙方应予配合，并免费安排住宿。甲方及时将每次抽检、验收结果通报乙方，以帮助乙方解决质量问题。

(3) 甲方原则上每年一次派具内审资格人员对乙方的质保体系进行检查评审，并出具由甲方管理者代表签发的审厂报告，乙方有责任按照质保体系要求配合甲方进行工厂审查，并对甲方提出的不合格项目及时进行整改。甲方针对乙方质保体系中的不合格项进行二次评审，如仍未达到要求，则可中止或终止本合同。

(4) 乙方同意将合同产品的主要原材料及关键零配件供应商名单及价格的详细书面资料送甲方备案，乙方更改零配件及其供应商前必须经甲方书面确认并报甲方备案。乙方已通过3C认证的产品品种，零部件不得更改。

(5) 乙方在进行以下重要的改变时，至少在变更的2个月前向甲方申请，且必须在事前得到甲方的书面同意。甲方在乙方提出申请后，应在20天内给予答复。

① 变更产品的检查、控制方法。

② 变更产品构成材料，零部件或变更构造。

③ 其他对品质，可靠性或安全有影响的变更。

(6) 一般情况下，乙方可在甲方推荐的供应商范围内选择，也可选择符合甲方质量要求的其他供应商，但应向甲方提供该供应商生产的关键零配件足够检验数量的样品，经甲方检测合格并书面确认、封样交甲方后，方可采购并投入生产。

(7) 虽然甲方根据经验或样品检测结果向乙方推荐供应商，或者同意了乙方选定的供应商，或者借甲方名义采购原材料、零配件后向乙方提供，或对合同产品进行了检验。但是甲方的认可或受托购买行为并不代表乙方进货质量控制责任的免除，由乙方对所采购零部件的质量承担责任。虽然甲方进行了上述质量检验与控制活动，但甲方不对合同产品质量承担任何责任，由乙方承担全部的产品质量责任（说明：如采用OEM合作方式，请在本条款结尾处添加；但由于甲方设计原因造成的产品质量问题，由甲方负责）。

4. 不合格品的处理

(1) 对于甲方派驻乙方的技术人员在抽检和出厂检验中发现的不合格产品，

乙方进行返工或报废，返工后的产品经甲方重新检验合格后方可出厂。

（2）乙方同意对于已销售最终消费者的合同产品，在国家规定的期限内消费者因质量问题要求退货的，甲方接受退货后有权将不合格品退回乙方。

（3）对于已销售最终消费者的合同产品，属于乙方责任（包括但不限于开发设计缺陷、材料或制造加工原因）（如采用 OEM 合作方式，请用以下文字替换括号内的文字：包括但不限于材料或制造加工原因）造成的重大产品质量事故，乙方进行免费返工、换货或报废。乙方应对造成不合格产品的原因进行分析和改进，并提交分析和改进报告给甲方。

5. 产品技术、质量与控制，不合格品与产品质量事故的处理适用双方签订的《质量保证协议书》。

六、产品交付、履行地点和方式

1. 乙方按甲方提供的合同产品的检查、验收标准的具体要求，对合同产品进行过程检验及出厂前检验，并向甲方提供检验报告。甲方驻乙方质检人员检验合格，由甲方质检主管签发抽检合格报告后，乙方才能出货。

2. 乙方负责免费送货至甲方指定的仓库，乙方需持甲方开出的合格质检报告办理入库手续，甲方开出相应的收货凭证。送货至甲方其他指定地点的，乙方需在送货至指定地点之日起三（3）天内向甲方提交收货方开出的收货凭证（原件）及甲方合格质检报告（复印件）。

3. 双方在未完成本条规定的收货过程前，产品风险由乙方承担。

七、知识产权保护

1. 为履行本合同而进行的包括但不限于开发设计、技术更新等，无论进行开发设计和技术更新的是乙方还是甲方，专利权申请权、专利权均归甲方所有。乙方在合作期内可无偿使用。双方终止合作后，乙方继续使用这些专利需得到甲方的书面许可。

2. 合同产品使用的产品说明书、保修卡、合格证、铭牌及包装等应由甲方指定或确认的厂家印制或由甲方直接提供，相应款项由乙方支付给指定厂家或抵扣乙方在甲方的应付货款。

3. 在本合同执行期间，乙方不能再生产和销售任何其他品牌的上述同类型的合同产品，包括乙方本身有的商标品牌的产品。若乙方需销售合同产品，双方另行签定销售合同。

4. 知识产权的保护适用双方签订的《商标使用管理合同》及《知识产权保护协议》。

八、乙方提供的合同产品的售后服务及质量责任

1. 乙方生产的合同产品在销售 5 年以内（说明：请业务部门根据产品性质确定期限，建议不低于 5 年）如出现重大或批量质量问题，由乙方免费维修或提供相应的赔偿，并承担相关的一切费用，包括但不限于维修、合同产品的运输、对客户的赔偿、代用品的提供等。

2. 乙方对每批合同产品应按《易损件及维修件清单》所列向甲方免费提供总金额为＿＿＿％的易损件及维修件，以满足甲方售后服务需要。甲方如有少领或超领，则按乙方生产或采购的成本价结算，每年由甲方与乙方结算一次。

3. 如甲方停止向乙方采购合同产品，则在停止采购后的5年内乙方仍需在甲方提出要求的情况下，以成本价提供合同产品的维修配件以满足甲方售后服务的需要。

4. 售后服务及质量责任适用双方签订的《质量保证协议》。

九、结算与付款方式

1. 乙方同意从其在甲方账户上的应付货款中提存人民币＿＿＿＿＿＿元整为质量保证金，不予贴息（说明：质量保证金的额度由业务部门确定，建议不低于100万元）。

2. 所有交付的起始日以甲方验收合格，开出《收料单》之日为准。

3.《收料单》开出后30天内，乙方凭《收料单》及确认价格开具增值税专用发票，并将发票及对应的《收料单》及时交甲方财务入账。

4. 货款结算期按合同产品全部入库并开具发票后30天的期限进行结算，当乙方货款超过质量保证金开始计，到期货款以3个月汇票或现汇支付。甲方每月底统计上月15日前的欠款数额，并于10天内办妥付款手续。乙方未及时开具发票的，付款期限顺延。

5. 双方终止或提前结束业务往来，质量保证金于双方终结业务往来之日起5年内结算完毕，每足年按以下额度分别结算：40％、25％、15％、10％、10％。

6. 乙方应付甲方的费用每月结算一次，并从甲方到期应付给乙方货款中冲减。

十、合同的变更、解除

1. 合同期内，甲乙任何一方经协商一致均可变更或解除本合同。如有《合同法》第94条规定的解除合同条件的情况出现，均可解除合同。

2. 乙方连续或累计两个月未能按《生产通知单》的要求交货的，或生产的合同产品发生重大质量事故的，甲方有权解除本合同，并有权要求乙方赔偿由此给甲方造成的损失。

3. 合同因任何原因而解除，乙方应在30天内将甲方所有为履行本合同而提供乙方使用的物品和材料，包括但不限于模具、商标标识、技术资料、供应商名单等，归还甲方。

4. 合同的变更与解除，不免除乙方对合同产品质量应当承担的义务与责任。

十一、违约责任

1. 甲乙双方在执行过程中对本合同的相关条款及约定事项须严格遵守并执

行。如因一方违约而给另一方带来经济损失,违约方必须给予赔偿。

2. 迟延交货:除非甲方原因或不可抗力的因素影响,乙方每迟交货一天,须向甲方支付当批货物欠货部分金额1‰的违约金。出口产品则按客户扣罚甲方的违约金,甲方转扣乙方等额的违约金。乙方在迟延30天后,仍不能按生产通知单确定的数量全部交货的,按不能交货处理,乙方应向甲方支付相当于该批合同产品总值30%的违约金。迟延交货的违约金与不能交货的违约金分别计算,直接从乙方应付账款中扣除。

3. 乙方必须严格根据甲方下达的生产计划组织生产,不得超计划生产合同产品。超计划生产的,应向甲方支付相当于超计划生产的合同产品总值20%的违约金。违约金直接从乙方应付账款中扣除。

4. 本合同期满失效或因其他原因使本合同终止时,签约双方未了的债权、债务不受任何影响,债务人应承担义务直到全部债务清偿完毕止。

十二、其他约定事项

1. 甲乙双方如发生纠纷或本合同有未规定的条款,甲乙双方均同意按照《中华人民共和国合同法》、《中华人民共和国产品质量法》等相关条款承担经济和法律责任,纠纷管辖权归于甲方所在地人民法院。

2. 双方在业务交往中应共同遵守双方签订的《业务交往若干问题备忘录》。

3. 本合同经双方代表签字并加盖合同专用章后生效,有效期一年,自_____年_____月_____日至_____年_____月_____日。在此期限及延长期限届满前两(2)个月,任何一方未通知对方在期满时终止合同履行的,则本合同自动延期一(1)年。

4. 合同及与之同时执行的文件均一式两份,甲乙双方各保存一份,具同等法律效力。

与本合同同时执行的文件:

附一:《合同产品收购清单》　　　　附二:《合同产品材料成本明细表》

附三:《____月份生产通知单》　　　附四:《____月份生产变更通知单》

附五:《易损件及维修件清单》　　　附六:《知识产权保护协议》

附七:《质量保证协议》　　　　　　附八:《商标使用管理合同》

附九:《业务交往若干问题备忘录》　附十:《模具若干问题的协议》

附十一:《委托/联合开发技术协议》

甲方:　　　　　　　　　　　　　　乙方:

授权代表:　　　　　　　　　　　　授权代表:

日期:_____年____月____日　　　日期:_____年____月____日

第八节　政府采购合同

一、政府采购合同的定义和特点

（一）政府采购合同的定义

政府采购合同是国家各级政府为从事日常的政务活动或为了满足公共服务的目的，利用国家财政资金和借款向供货方购买货物、工程、服务的合同。

（二）政府采购合同的特点

其具体的特点如下。

（1）货物买卖合同与其他合同相比，其最基本的特点是物权的转移。一方付出一定的价款便可获得对方所有物的所有权；另一方出卖物的所有权便可得到一定的货币。

（2）双务是指合同当事人双方都要履行相应的义务。在买卖合同中，买方的基本义务是支付价款；卖方的基本义务是交付出卖物的所有权。

（3）公平自愿是指签订合同的双方当事人必须是自己的真实意思表示。如果当事人的意思表示是在受到欺诈、胁迫、误解等情况下做出的，则该意思表示无效；对当事人没有法律约束力，受到侵害的一方当事人有权要求解除或变更合同，合同为无效合同。

（4）等价有偿是指合同双方当事人都从合同的交易中得到相应的补偿。任何一方都不得强迫另一方无偿交付物品。等价有偿是商品交换原则的核心，是价值规律的具体体现。买卖合同当事人通过合同这种法律的形式进行交换，同样体现着价值规律。当一方受到损害时，应当得到同等价值的赔偿。

二、政府采购合同范本

某市公务车辆协议维修服务合同

甲方：用车单位（车辆送修方）

乙方（承修方）：

甲、乙双方根据_____年____月____日《_____年度___市机关事业单位公务车辆定点维修采购项目》的招标结果和招标文件（招标编号：_____）要求，并经双方协商一致达成以下车辆维修服务合同。

一、车辆维修服务项目

车辆维修服务项目包括车辆的定期维护保养、小修、零配件的修理更换、车辆大修、车辆年检、施救服务等。"小修"指所报车型一年内的除大修以外的所有维修保养项目，包括各级维护、性能检测、故障诊断、汽车专项修理工时（不包括美容、装饰和装潢项目）等工时费总和；"大修"指全车涂漆、发动机大修、车身翻新、底盘大修及其他大修项目。

二、送修手续

1. 甲方车辆送至乙方检查确定维修项目后按规定在《某市政府采购网》的《公务车辆管理信息系统》上填写"车辆送修单"（简称"送修单"），经甲方法人或经法人授权的管理人员在《公务车辆管理信息系统》上确认授权后乙方方可进行维修。

2. 在维修过程中，乙方如发现其他故障需增加维修项目或延长维修时间，应及时通知甲方。甲方接到通知后应及时给予答复且其他新增维修项目按第1点规定相同程序进行。

3. 车辆修复后，乙方应当通过《公务车辆管理信息系统》认真填写并打印车辆修复结算单；接车人应对修复车辆认真检查、试车，符合要求后在结算单上签字认可，之后乙方将车辆交给甲方。

三、维修费用

1. 维修费用包括：工时费、材料配件费、材料零配件管理费、市区外施救费、事故小修工时费。

2. 工时费包括小修定额维修工时费和大修工时费；小修定额维修工时费按乙方所报附表标准按月包干；大修工时费按乙方所报附表标准。

3. 材料零配件费为材料零配件进货价格，最多不得高于投标价格。

4. 材料零配件管理费收取比例为：_____（不得高于标书所报标准）。

5. 市区外施救费收费标准：_____元/公里（单程，市区外开始计算）。

6. 事故车辆的小修工时单独结算，不包含在正常小修工时费的包干总额内。

四、质量保证

1. 送修车辆合格出厂一周内，发现修复部分有问题或由经修理后引发的问题，乙方应无条件予以修复。

2. 对修复车辆质量保证期限和质量保证里程按乙方所承诺标准执行。

3. 在保证期内，因维修质量造成的机械事故和经济损失，由乙方负责。

五、结算方式

1. 甲方应仔细检查完工车辆，如发现问题应立即以书面形式向乙方提出，否则应通过公务车辆管理信息系统在"结算单"上确认。如甲方在车辆完工之日起5日内，不在"结算单"上确认，且没有向乙方提出书面要求，则视为甲方同意接收。

2. 甲方每月末应将根据《某市政府采购网》的《公务车辆管理信息系统》

汇总的维修车辆，持《公务车辆管理信息系统》打印的"送修单"、"结算单"、本单位发票正本和维修企业的"维修车辆竣工出厂合格证"送至某市会计核算中心办理结算手续，并由某市会计核算中心将维修费直接拨付给各维修企业；乙方的"送修单"与"结算单"数据存放在某市政府采购工作领导小组办公室的数据库中，可供某市政府采购工作领导小组办公室随时查询、检查。

3. 结算方式为每月末结算一次，包括维修工时费、材料配件费、材料配件管理费等。

4. 维修工时费结算方式为：小修工时费根据中标价格按月包干，每月按中标价格结算。

事故车辆的小修工时单独结算，不包含在小修包干总额在内。大修维修工时费、维修材料配件费、维修材料配件管理费、市区外施救费等按实际发生额结算。

六、甲方的权利

1. 有权获得优先服务。

2. 对已完工车辆，如一周内发现不合格或与"送修单"不符，有权要求乙方无偿返工，直至符合要求。在质保期内，按乙方承诺的修复车辆质量保证期限和质量保证里程执行。

3. 有权向有关部门投诉乙方违约行为。

4. 有权根据维修厂技术、服务和价格等方面的情况变化决定修车方式，原则上小修可以在协议维修厂中自主择厂修理车辆；大修项目可允许随时在中标的几家维修厂中询价选择维修。

七、甲方的义务

1. 甲方必须将待修车辆送到乙方维修场所维修。

2. 甲方必须按规定在《某市政府采购网》的《公务车辆管理信息系统》上填写"车辆送修单"、"结算单"。

3. 必须及时接收已完工车辆。

4. 必须按时与乙方结算车辆维修费用。

5. 不得向乙方提出除修车以外的其他要求。

6. 甲方应妥善保管好所有的维修单据资料，随时接受有关部门的检查。

八、乙方的权利

1. 有权要求甲方在《某市政府采购网》的《公务车辆管理信息系统》上填写"车辆送修单"、"结算单"。

2. 有权要求甲方按时结清车辆维修费用。

3. 有权拒绝甲方提出的除维修服务以外的其他要求。

4. 有权向有关部门投诉甲方的违约行为。

九、乙方的义务

1. 优先为甲方的送修车辆提供维修服务。

2. 乙方不得将送修车辆擅自转厂维修。

3. 必须按"送修单"上的规定按时完成维修工作，并按程序填写"维修车辆竣工出厂合格证"。

4. 保证送修车辆的安全。

5. 保证维修质量，并为每部协议维修服务车辆建立维修档案。

6. 保证所用配件是符合国家质量标准的全新配件，不得以次充好或随意更换汽车配件。

7. 已完工车辆，乙方应通过《公务车辆管理信息系统》打印"结算单"，注明完工时间、维修项目、大修工时费、维修材料配件项目及其进货价格和管理费、外加工成本费。

8. 乙方应保存好所有的维修单据、更换的旧汽车配件（原厂正品进货价在200元以上，含200元）和相关资料，随时接受市有关部门的检查及回收。

9. 乙方应及时更新材料配件价格，并报送甲方及监管部门，乙方应积极配合政府采购上网工程的建设，将维修项目的数据通过计算机传输到政府相关管理部门的指定服务器。

十、违约责任

1. 甲方应按"送修单"规定的时间及时接收每一完工车辆，逾期则以每车每日10元的标准向乙方支付保管费；逾期40日仍不接收，乙方经市有关部门批准后有权处置该车辆。

2. 乙方应按"送修单"规定的期限完成维修工作，如逾期未能完成，则乙方应向甲方每日交付该车辆维修费的5%作为违约金，该违约金甲方可从应支付给乙方的维修费中扣减。

3. 如甲方送修车辆在乙方维修期间出现丢失或损毁，乙方应承担全部赔偿责任。

4. 如因乙方维修质量问题造成车辆送修方损失，乙方应承担赔偿责任。

十一、投诉

为了保障双方的权益，本合同建立投诉监督管理制度，其具体方式如下。

1. 甲方可就乙方的维修质量或服务问题向市主管部门投诉，同时向市政府采购监督管理部门备案。

2. 经市主管部门核查，如情况属实则该投诉有效，将记录在案并按有关规定处理。

十二、合同的修改与终止

1. 任何一方如因发生不可抗拒事件而丧失履行合同能力，本合同可自行终止。

2. 如有下列任何一种情况出现，甲方有权向乙方追究经济赔偿；同时没收乙方的履约保证金直至取消定点维修资格。

（1）违反有关规定及行业规范要求被有关部门查处的。

（2）没有按照价格优惠要求，擅自抬高收费价格，经查实的。

（3）因质量、服务问题被投诉4次以上，经查实的。

（4）未经甲方同意，乙方将送修车辆交由他厂维修。

（5）通过给回扣或变相给回扣的方式招揽生意，经查实的。

（6）因乙方维修质量问题，导致甲方车辆出现事故造成重大损失的。

3. 如出现下列情况，乙方有权单方终止合同，并向车辆送修方追究经济赔偿：

经鉴定部门验证，送修方故意损害车辆达4次。

十三、合同期限

本合同有效期自生效之日起至_____年____月____日。

十四、争议及解决

如双方在履行合同时发生纠纷，应尽量协商解决；协商不成，任何一方可到有权部门申请仲裁。

十五、其他

1. 招标文件、投标文件及澄清函等均作为本合同的重要组成部分。甲、乙双方应共同遵守。

2. 本合同各项工作程序将配合政府采购上网工程。若有调整，以新程序为准。

3. 本合同未尽事宜，可以补充合同或协议的形式加以补充。补充合同或协议与本合同具有同样的法律效力。

十六、本合同一式三份，甲、乙双方、某市政府采购工作领导小组办公室各持一份。

十七、本合同经双方签字、盖章后立即生效。

甲方：	乙方：
地址：	地址：
法定代表人：	法定代表人（或负责人）：
委托代理人：	委托代理人：
电话：	电话：
开户银行：	开户银行：
账号：	账号：
_____年____月____日	_____年____月____日

第三章
采购过程控制：成本控制

- 第一节 采购成本分析
- 第二节 通过 VA/VE 分析采购成本
- 第三节 产品周期成本分析
- 第四节 目标成本法降低采购成本
- 第五节 早期供应商参与
- 第六节 集权采购降低采购成本
- 第七节 招标采购降低成本
- 第八节 采购成本控制 A、B、C 法
- 第九节 Lot for Lot（按需订货）降低成本
- 第十节 固定期采购控制成本
- 第十一节 固定批量采购控制成本
- 第十二节 经济性批量采购成本法

引　言

零售业界内

萨姆沃尔顿："采购人员不是在为公司讨价还价，而是在为顾客讨价还价，我们应该为顾客争取最低的价钱。"

——成本控制是通向客户全面满意的绝佳途径。

制造性企业

制造性企业的成本构成如下图所示。

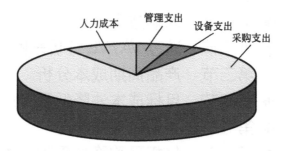

制造性企业的成本构成

采购支出占制造业总支出的60%~80%，而大多数制造型企业物料来源于采购，因此控制与削减采购成本是制造业成本控制的核心环节。

——控制采购成本支出是企业利润的来源。

第一节　采购成本分析

企业采购成本的两种看法：

（采购价格成本观）

采购成本＝采购价格

VS（采购支出成本观）

采购成本＝企业采购支出－采购价格

以上两种有关采购成本概念在学术界一直存在争议，以下先从"采购成本＝

企业采购支出"说起。在该概念中,采购成本是指与采购原材料部件、采购管理活动相关的物流费用,包括采购订单费用、采购计划制订人员的管理费用、采购人员管理费用等,但不包括采购价格。该概念主张找出了采购过程中浪费的环节,以便寻找到削减采购成本的途径。

一、企业采购支出成本观

在该概念中,采购成本通常包括物料的物料维持成本、订购管理成本以及采购不当导致的间接成本。企业采购支出成本的主要部分如下图所示。

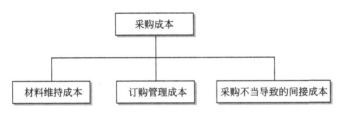

企业采购支出成本的主要部分

(一) 材料维持成本

1. 定义

材料维持成本是指为保持物料而发生的成本。

2. 分类

它可以分为固定成本和变动成本。

(1) 固定成本与采购数量无关,如仓库折旧、仓库员工的固定工资等。

(2) 变动成本则与采购数量有关,如物料资金的应计利息、物料的破损和变质损失、物料的保险费用等。

3. 材料维持成本的具体项目

具体项目如下表所示。

材料维持成本的具体项目

序 号	项 目	备 注
1	维持费用	存货的品质维持需要资金的投入。投入了资金就使其他需要使用资金的地方丧失了使用这笔资金的机会,如果每年其他使用这笔资金的地方的投资报酬率为20%,即每年存货资金成本为这笔资金的20%
2	搬运支出	存货数量增加,则搬运和装卸的机会也增加,搬运工人与搬运设备同样增加,其搬运支出一样增加

续表

序　号	项　目	备　注
3	仓储成本	仓库的租金及仓库管理、盘点、维护设施（如保安、消防等）的费用
4	折旧及陈腐成本	存货容易发生品质变异、破损、报废、价值下跌、呆滞料的出现等，因而所丧失的费用就加大
5	其他支出	如存货的保险费用、其他管理费用等

（二）订购管理成本

1. 订购管理成本的定义

订购管理成本是指企业为了实现一次采购而进行的各种活动的费用，如办公费、差旅费、邮资、电报电话费等支出。

2. 订购管理成本的费用

具体地说，订购管理成本包括活动相关的费用见下表。

订购管理成本的费用

序　号	类　别	具体费用
1	请购手续费	请购所花的人工费用、事务用品费用、主管及有关部门的审查费用
2	采购成本	估价、询价、比价、议价、采购、通信联络、事务用品等所花的费用
3	进货验收成本	检验人员的验收手续所花费的人工费用、交通费用、检验仪器仪表费用等
4	进库成本	物料搬运所花费的成本
5	其他成本	如会计入账支付款项等所花费的成本等

（三）采购不当导致的间接成本

1. 定义

采购不当的间接成本是指由于采购中断或者采购过早而造成的损失，包括待料停工损失、延迟发货损失、丧失销售机会损失和商誉损失。如果损失客户，还可能为企业造成间接或长期损失。

2. 分类

采购不当导致的间接成本可以分为以下五种。

（1）采购过早极其管理成本　过早地采购会导致企业在物料管理费用上的增加，比如用于管理的人工费用、库存费用、搬运费用等。一旦订单取消，过早采购的物料容易形成呆滞料。

（2）安全存货及其成本　许多企业都会考虑保持一定数量的安全存货，即缓冲存货，以防在需求或提前期方面的不确定性。但是困难在于确定何时需要及保持多少安全存货，因为存货太多意味着多余的库存；而安全存货不足则意味着断料、缺货或失销。

（3）延期交货及其成本　延期交货可以有两种形式：缺货可以在下次规则订货中得到补充；利用快速运送延期交货。

① 在前一种形式下，如果客户愿意等到下一个周期交货，那么企业实际上没有什么损失；但如果经常缺货，客户可能就会转向其他企业。

② 利用快速运送延期交货，则会发生特殊订单处理和送货费用。而这项费用相对于规则补充的普通处理费用要高。

（4）失销成本　尽管一些客户可以允许延期交货，但仍有一些客户会转向其他企业。在这种情况下，缺货导致失销。对于企业的直接损失是这种货物的利润损失。除了利润的损失，还应该包括当初负责这笔业务的销售人员的人力、精力浪费，这就是机会损失。

而且也很难确定在一些情况下的失销总量。例如，许多客户习惯电话订货，在这种情况下，客户只是询问是否有货，而未指出要订货多少。如果这种产品没货，那么客户就不会说明需要多少，对方也就不会知道损失的总量。同时，也很难估计一次缺货对未来销售的影响。

（5）失去客户的成本　由于缺货而失去客户，使客户转向另一家企业。若失去了客户，也就失去了一系列收入，这种缺货造成的损失很难估计。除了利润损失，还有由于缺货造成的信誉损失。信誉很难度量，因此在采购成本控制中常被忽略，但它对未来销售及客户经营活动却非常重要。

二、采购价格成本观

在企业内部，诸多采购员认为"采购成本＝采购价格"。尽管这种观点在一些企业经营者中间不太认同，但对于采购员执行采购任务来说却有不可估量的意义。

采购价格即采购产品购入价格，采购价格是由供应商的产品制造成本与供应商的利润目标的来决定。

采购产品购入价格＝供应商产品制造成本＋供应商的利润目标

（一）供应商产品制造成本

供应商产品制造成本包括供应商原料费、人工费、制造费用三部分。

1. 原料费

原料费是指加工后成为产品的一部分者，其构成产品的主要部分。其具体包括原料的购价、运费和仓储费用，并扣减购货折扣。

2. 人工费

人工费是指直接从事产品制造的工作人员，例如加工与装配人员、班组长等。其成本包括直接人工的薪资与福利。

3. 制造费用

制造费用是指原料费与人工费之外的一切制造成本，包括间接材料、间接人工、折旧、水电费用、租金、保险费、修护费等。在此应了解以下两概念。

◆ 间接材料如制造过程中所需的工具、夹具、模具、润滑油、洗剂、粘接剂及螺丝钉等。

◆ 间接人工指与产品的生产并无直接关系的人员，例如各级管理人员、品管人员、维修人员及清洁人员等。

（二）供应商利润

利润即企业销售产品的收入扣除成本价格和税金以后的余额。由于供应商成本消耗是固定的，但利润目标却是灵活的。供应商的目标是尽量提高销售价格，以便使供应商的利润获得足额空间。对于采购员来说，为了降低采购的成本，目的是尽量压缩供应商利润空间。供应商利润空间成为双方的焦点，其具体如下图所示。

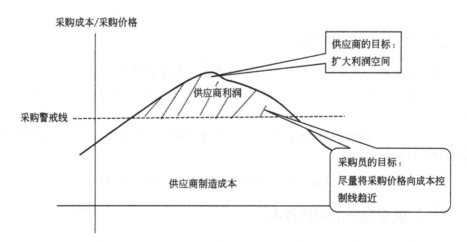

供应商利润空间构成

三、成本控制手法

从以上两种成本观中可以看出,成本控制可以从两个方面入手。

成本控制手法:

◎ "优化采购支出"

◎ "采购价格削减"

在国内,目前这两种成本控制观还没有形成一个系统的理论。国外企业已经总结出了一套降低采购成本途径的方法。下面是全美 Fortune200 公司所使用的成本降低手法可以值得借鉴,以下将此介绍给大家。其具体方法如下。

(一) Value Analysis (价值分析,VA)

价值分析着重于功能分析,力求用最低的生命周期成本,可靠地实现必要功能的、有组织的创造性活动。价值分析中的"价值"是指评价某一事物与实现它的费用相比的合理程度的尺度。

(二) Value Engineering (价值工程,VE)

所谓价值工程,指的都是通过集体智慧和有组织的活动对产品或服务进行功能分析,使目标以最低的总成本(寿命周期成本),可靠地实现产品或服务的必要功能,从而提高产品或服务的价值。价值工程主要思想是通过对选定研究对象的功能及费用分析,提高对象的价值。

针对产品或服务的功能加以研究,以最低的生命周期成本,透过剔除、简化、变更、替代等方法,来达成降低成本的目的。价值分析是使用于新产品工程设计阶段。而价值工程则是针对现有产品的功能/成本,做系统化的研究与分析,但现今价值分析与价值工程已被视为同一概念使用。

(三) Negotiation (谈判)

谈判是买卖双方为了各自目标,达成彼此认同的协定过程,这也是采购人员应具备的最基本能力。谈判并不只限于价格方面,也适用于某些特定需求。使用谈判的方式,通常期望价格降低达到的幅度为 3%~5%。如果希望达成更大的降幅，则需运用价格/成本分析、价值分析与价值工程（VA/VE）等手法。

（四）Target Costing（目标成本法）

大多数美国公司以及几乎所有的欧洲公司，都是以成本加上利润率来制定产品的价格。然而，他们刚把产品推向市场，便不得不开始削减价格，重新设计那些花费太大的产品，并承担损失。而且，他们常常因为价格不正确，而不得不放弃一种很好的产品。产品的研发应以市场愿意支付的价格为前提，因此必须假设竞争者产品的上市价，然后再来制定公司产品的价格。由于定价受成本驱动的旧思考模式，使得美国民生电子业不复存在。另外，丰田公司和日产公司把德国的豪华型轿车挤出了美国市场，便是采用价格引导成本（Price-Drivencosting）的结果。

（五）Early Supplier Involvement（早期供应商参与，ESI）

这是在产品设计初期，选择让具有伙伴关系的供应商参与新产品开发小组。经由早期供应商参与的方式，新产品开发小组对供应商提出性能规格（Performance Specification）的要求，借助供应商的专业知识来达到降低成本的目的。

（六）Leveraging Purchases（杠杆采购）

各事业单位，或不同部门的需求量，以集中扩大采购量而增加议价空间的方式。避免各自采购，造成组织内不同事业单位向同一个供应商采购相同零件，却价格不同；但彼此并不知的情形，平白丧失节省采购成本的机会。

（七）Consortium Purchasing（联合采购）

主要发生于非营利事业的采购，如医院、学校等，统合各不同采购组织的需求量，以获得较好的数量折扣价格。这也被应用于一般商业活动之中，应运而起的新兴行业有第三者采购（Third-party Purchasing），专门替那些MRO需求量不大的企业单位服务。

（八）Design for Purchase（为便利采购而设计，DFP）

自制与外购（Make or Buy）的策略，在产品的设计阶段，利用协力厂的标准制程与技术，以及使用工业标准零件，方便原物料的取得。如此一来，不仅大大减少了自制所需的技术支援，同时也降低了生产所需的成本。

（九）Costand Price Analysis（价格与成本分析）

这是专业采购的基本工具，了解成本结构的基本要素，对采购者是非常重要的。如果采购不了解所买物品的成本结构，就不能算是了解所买的物品是否为公平合理的价格，同时也会失去许多降低采购成本的机会。

（十）Standardization（标准化）

实施规格的标准化，为不同的产品专案、夹治具或零件使用共通的设计/规格，或降低订制专案的数目，以规模经济量，达到降低制造成本的目的。但这只是标准化的其中一环，组织应扩大标准化的范围至作业程序及制程上，以获得更大的效益。

国内企业对采购成本分析的认识不及西方，主要是因为国内的采购主要是以制造性工厂为主，在考虑采购成本上，主要集中在物料订购成本上。因此在论述采购方法上，采购物料订购成本的控制也将作为本章落脚点。在以后各节中，将给予介绍。

第二节　通过 VA/VE 分析采购成本

一、何谓 VA/VE

（一）VA 分析

1. 价值定义

价值，是指采购产品对企业的价值，是以最低的成本，在理想的地点、时间发挥出产品的需求功。价值工程是从这一理论出发去选择执行采购任务的。

2. 价值理论

价值理论公式为：

$$V = \frac{F}{C}$$

式中　F——Function，功能重要性系数；

　　　C——Cost，成本系数；

　　　V——Value，功能价值系数。

例如：电视机厂家在生产电视机配件螺丝的时候，螺丝有铁的、有铜的。其中铁螺丝的成本为 2 角，而铜螺丝的成本为 3 角，但两者的功能相同。所以从价值角度出发，在选择螺丝的时候最好选铁螺丝。

3. 价值分析目的

对采购而言，价值分析的目的如下。

寻求成本最小化

追求价值最大化

（二）价值工程

价值工程的工作原理是通过对采购产品或采购过程服务的功能加以研究，以最低的生命周期成本，通过剔除、简化、变更、替代等方法，来达成降低成本的目的。由于采购产品在设计、制造、采购的过程中存在许多无用成本，因此价值工程的目的就是消除无用成本。

其具体内容如下图所示。

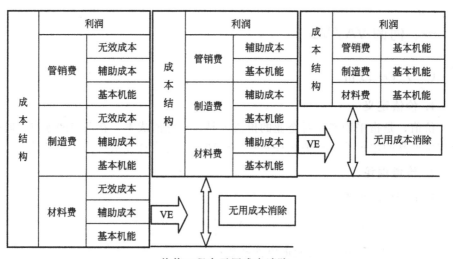

价值工程中无用成本消除

二、价值分析工作运作步骤

（一）选择分析对象

一般的情况是，采购产品越复杂，成本付出也就越大，因此也最值得改善。在选择改善对象时，应将产品的主件与配件总和按价值的高低排序，选取最值得改善的产品。

对于企业来说,选择分析对象如下。

> ◆ 采购产品数量较多的。
> ◆ 采购产品价值较大的。
> ◆ 对企业影响较大的产品。
> ◆ 成本消耗较多的采购品。

(二)分析产品或者服务的功能

即分析采购产品、服务的价值大小。例如:计算机组装制造公司选择配件的时候,分析计算机主机的功能,主机的功能对于启动计算机的功能远大于装饰功能。如果是装饰功能较大的话,计算机内部就不会配备如此多的电路板。

分析出产品的主要功能主要是为了针对功能而选择配件,选择是否能寻找到可以替代的配件。

(三)资料收集

资料收集是收集采购产品、采购过程的资料,主要包括:采购品制造成本、品质、制造方法、产量、采购品的发展情况。

(四)提出改善方法

1. 改善方法

改善方法主要是:通过剔除、简化、变更、替代的方法。

2. 具体运用

(1)例如:在采购过程中,考虑到是用人力的运输与用车的运输的价值分析。有一种情况:两地相距不过百米,是选择用车呢?还是选择用人呢?

上面的例子用的方式就是剔除多余采购运输方法。

(2)例如:在采购过程中,采购谈判是一件常事。在分析产品价值的时候,对于一件不要紧且价格低廉的配件,还需要实施采购谈判吗?通过采购价值分析可以简化采购谈判的环节。

(3)在采购过程中,如果发现采购产品的质量没有达到预定要求,但并没有损害产品的功能时,是可以采购该产品的,因为它可以降低成本。比如:铝风扇与塑料风扇对于电扇的功能,用塑料风扇代替铝风扇是一个降低成本的有效方法。

三、采购过程价值分析的案例

【案例1】

华南一家大型原油冶炼公司,在采购原油上充分运用了采购价值理论分析。

该企业在两种选择:一是选择 A 种油,一是使用 B 种油。

A种油的热值:8000J/kg　　　　B种油的热值:6000J/kg
单价:78美元/桶　　　　　　　单价:60美元/桶

代入价值公式　　　　　代入价值公式

$V = \dfrac{F}{C}$ 　　　　　　　$V = \dfrac{F}{C}$

$= 8000/78$ 　　　　　　$= 6000/60$

$= 102$ 　　　　　　　　$= 100$

从价值公式的核算中就可以看出:购买 A 种油要优于购买 B 种油。

由于受到地理政治的影响,原油价格出现波动。

A 种油变为单价是 100 美元/桶,B 种油的单价是 71 美元/桶。

代入价值公式　　　　　代入价值公式

$V = \dfrac{F}{C}$ 　　　　　　　$V = \dfrac{F}{C}$

$= 8000/100$ 　　　　　$= 6000/71$

$= 80$ 　　　　　　　　$= 84$

从价值公式的核算中可以看出:购买 B 种油要优于购买 A 种油。

企业在选用采购品时,采购品的价值就决定了采购者的采购方向。

【案例2】

"规模效益"被一些企业经营者津津乐道,他们认为扩大生产是增加利润的最好方法。

例如：

投资 10 元材料费　　　　　回收 20 元销售额

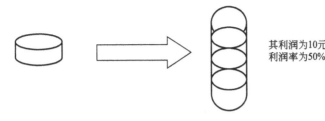

其利润为10元
利润率为50%

如果：

投资 20 元原材料 ⟶ 能回收 40 元吗？

答案是无法肯定的。由于销售市场存在不确定性，另一方面，由于原材料的增加，必然造成制造成本的增加。

如果投入的制造成本为 20 元。

那么：回收的 40 元销售额已经没有任何意义了。

如果投入的制造成本为 10 元。

那么：回收的 20 元销售额，减去 10 元的制造成本，其利润也不过 10 元而已。也就是说采购增加的 10 元投入等于无用功。

通过以上例子说明：在实施采购前，对采购品或者采购过程进行价值评估是非常重要的。

第三节　产品周期成本分析

一、产品周期

（一）定义

产品需要经历诞生、成长、成熟和衰退的过程，就像生物的生命历程一样，所以称之为产品生命周期。产品生命周期就是产品从进入市场到退出市场所经历的市场生命循环过程，进入和退出市场标志着周期的开始和结束。

（二）产品周期四阶段

产品生命周期一般可以分成四个阶段：引入期、成长期、成熟期和衰退期，

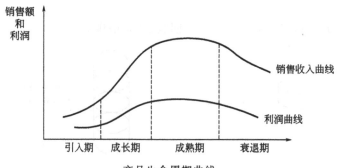

产品生命周期曲线

如上图所示。对于采购产品而言,必须把握住产品的最佳时期,才能降低采购成本。

1. 引入期

新产品投入市场,便进入了引入期。在此阶段产品生产批量小、制造成本高、广告费用大、产品销售价格偏高、销售量极为有限。因此对于零售业采购员来说,必须把握时机。

2. 成长期

当产品进入成长期,这是需求增长阶段,需求量和销售额迅速上升,生产成本大幅度下降,价格也会降低。可以在一定情况下降低采购成本。

3. 成熟期

随着购买产品的人数增多,市场需求趋于饱和,产品便进入了成熟期阶段。销售增长速度缓慢直至转而下降,由于竞争的加剧,导致广告费用再度提高,利润下降,价格可能上升。采购员是否出手则需要看情况。

4. 衰退期

随着科技的发展、新产品和替代品的出现,产品从而进入了衰退期。产品的需求量和销售量迅速下降,此时成本较高的企业就会由于无利可图而陆续停止生产,该类产品的生命周期也就陆续结束。如果是末代产品,对于零售业采购员来说,则必须谨慎。

二、产品周期对采购成本影响

由于产品所处的周期不同,产品固有成本也就不同。这里的固有成本一般指市场买价,由产品所处的阶段不同,因此市场价格也不同。除了市场价格成本的影响外,采购还必须考虑到产品后的维护成本。如果采购品的维护成本过高,则必须选择产品周期成本最小者。

例如：工厂的采购员在为本企业采购机器设备时，应该在价格最低的时候去买，这样最经济。如果是零售企业采购员在选择零售产品时，也想在价格最低时去买，此时可能会使采购品成为商场的呆滞品。

因此，产品寿命周期决定产品的价格，而产品的价格决定产品采购成本周期，如下图所示。

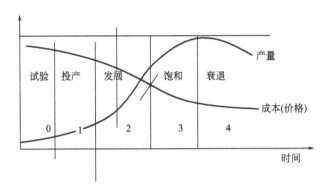

产品采购周期成本曲线

三、产品采购周期案例分析

【案例1】

某大型超市采购B号日用品，B号日用品为刚上市的日用品。此时进价货价是5元，买价为8元，在该批定量为100件。

因此，在该次交易中，该超市获利为300元。

总结：花去5元的成本，可以赚取3元。

该采购员发现该产品处于市场高峰期，于是决定购入100件，此时进价为4元，买价是6元。在该次交易中，该超市获利为200元。

总结：花去4元的成本，可以赚取1元。

该产品一旦进入衰退期，此时B号日用品进价仅为2元，该采购员还需要去考虑进100件吗？

总结：花去2元的成本，可以赚取0元。

【案例2】

某建筑公司A为提高机械化水平。决定引进大型建筑设备，该设备最近

才投入市场，此时市场价格为 20 万。一年后，另一家建筑公司 B 看到该设备，也决定购买该设备，而此时价格已降为 15 万。

由于 A 公司比 B 公司提前一年使用该设备，因此 A 公司经过统计发现该设备为企业创利 5 万。后来，两公司在核算成本时发现，该设备的养护费用非常高，每年几乎要耗去 2 万。

最后统计结果：A 公司两年间用于设备的支出是 20 万＋4 万＝24 万，两年间 A 公司使用设备后的收入为 10 万；相对应的 B 公司用于设备支出 15 万＋2 万＝17 万，但两年间 B 公司使用设备的收入为 5 万元。

总结：由于 B 公司比 A 公司晚采购一年设备，则可以为 B 公司节约成本 2 万。

通过以上例子说明：在实施采购前，对采购品进行产品周期分析是非常重要的。

四、产品所处生命周期测定

能否正确判断产品处在生命周期的哪个阶段，对企业制定相应的采购策略非常重要。企业最常用的判断产品生命周期阶段有下面两种方法。

（一）类比法

该方法是根据以往市场类似产品生命周期变化的资料来判断企业产品所处市场生命周期的何阶段，如下图所示。

A 产品与 B 产品属于类似产品，用 A 产品的运行周期来确定 B 产品的运行周期。

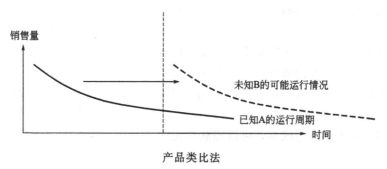

产品类比法

（二）增长率法

该方法就是以某一时期的销售增长率与时间的增长率的比值来判断产品所处

市场生命周期阶段,如下图所示。

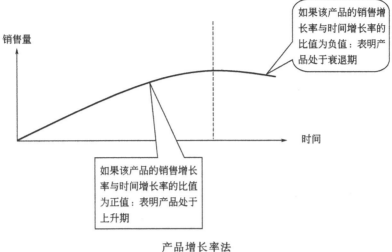

产品增长率法

第四节 目标成本法降低采购成本

一、目标成本法

(一) 定义

目标成本法是一种以市场导向 (Market-driven) 对有产品的制造、生产服务的过程进行利润计划和成本管理的方法。

(二) 目的

目标成本法的目的是在产品生命周期的研发及设计 (RD&E)、原材料采购阶段设计好产品的成本,而不是试图在制造过程降低成本或者销售过程中来获取利润。

(三) 成本定价法

目标成本法对于工厂采购而言,是通过预计未来销售市场的价格来确定今天原材料采购品的价格,这与传统上的采购品定价不同,如下所示。

传统:

成本＝利润＋销售价格

而成本定价法主张是:

预计未来－目标利润＝采购价格＋制造成本

二、目标成本法的采购意义

目标成本法的采购意义在于采购品的价格制定上。在给采购品定价时,不是一味地、没有目标地谈价、压价。而是应运用科学原理核算出采购什么价位的产品、配件,才能为企业获得利润。

例如:某电视制造厂预计电视未来价格可能是 500 元,他们预计的利润为 100 元。因此在电视成本的制造过程中,确定了 400 元的成本。如果再预计人工等其他费用要耗去 300 元,剩下的电视原材料采购只能在 100 元之内。因此采购电视原材料的定价不得超过 100 元。

因此目标成本法对于采购而言:

有目标的定价采购品

从而达到采购成本的降低

三、目标成本法案例分析

【案例】

2008 年年初,某水暖器材制造有限公司是一家大型水龙头制造公司。在公司的发展初期,公司领导层致力于高品质、高规格水龙头;同时也采购高标准的原材料 DR 铜。由于 DR 铜价值属于高价值原料,该批水龙头上市后,为了抵消 DR 铜高成本带走的利润空间,公司便提高水龙头的市场价格。

由于该批水龙头市场价格太高,买者寥寥无几。尽管此公司大力注重 DR 铜的质量,但在同行的眼中,DR 铜的实用价值与普通铜差别不大。于是公司领导层决定放弃 DR 铜采购,走回原来模式。

两年后,南非一家大型国际采购集团来到该厂,询求 DR 铜式水龙头。该厂鉴于 DR 铜成本太高,打算放弃合作。但外商执意坚持,并要求此公司在当前市场价格上核算出 DR 铜原材料的成本,在何种范围之内,企业才会有利润。经过分析，此公司认为，如果现行水龙头价格不变，可以在现行DR铜原材料价格的基础上削减40%。由于DR铜产自南非，经过南非合作商的努力，最后在DR铜原材料价格的基础上削减了30%。

DR铜投产后，由于该类产品市场价格与普通铜产品市场价格相差无几。因此，该企业DR水龙头订单蜂拥而至。

案例分析：

某水暖器材制造有限公司得益于目标成本法的分析，通过产品未来市场售价来确定原材料买价是控制成本的一个非常重要的方式。

四、目标成本法运作步骤

目标成本法运作步骤如下图所示。

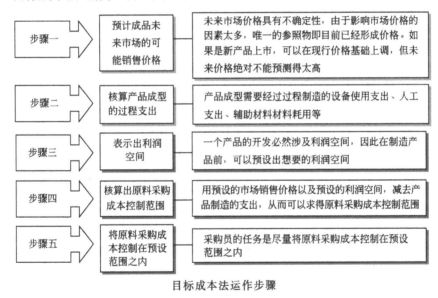

目标成本法运作步骤

第五节 早期供应商参与

一、早期供应商参与的定义与目的

（一）定义

早期供应商参与是指产品开发阶段，客户与供应商之间关于产品设计和生产以及模具、机器、夹具开发等方面所进行的技术探讨过程。

（二）目的

主要目的是为了让供应商清楚地领会到产品设计者的设计意图要求，同时也让产品设计者更好地明白模具、机器、夹具生产的能力、产品的工艺性能，从而做出更合理的设计，如下图所示。

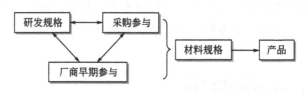

早期供应商参与运作流程

二、早期供应商参与的优点

早期供应商参与不仅有利于企业，也有利于供应商，并为他们建立长期稳定的合作关系创造了条件。

（一）企业的优点

从企业的角度来看，早期供应商参与至少具有如下优点。

1. 缩短产品开发周期

统计结果表明，早期供应商参与的产品开发项目，开发时间平均可以缩短30%～50%。

2. 降低开发成本

一方面供应商的专业优势可以为产品开发提供性能更好、成本更低或通用性更强的设计；另一方面由于供应商的参与，还可以简化产品的整体设计。

3. 改进产品质量

供应商参与设计从根本上改变了产品质量。一是供应商的专业化水平提供了更可靠的零部件，能够改进整个产品的性能；二是由于零部件可靠性的增加，避免了随后可能产生的设计变更而导致的质量不稳定。

4. 降低采购成本

对采购成本而言：

实现供应商早期参与：
◎ 节约寻找供应商的花费成本；
◎ 减少供应商出错而导致的成本损失；
◎ 借助供应商的专业知识来达到降低成本的目的。

（二）供应商的优点

早期供应商参与也有利于供应商，主要表现在如下两方面。

1. 竞争的优越性

早期参与开发的供应商，凭借其作业技术的优势，自然比其他同类供应商更能得到客户的认可。

2. 研发的有效性

早期参与客户的产品开发，能使具有技术优势的供应商进一步提高自己的开发水平，从而保持领先或独特的地位。同时，也使自己的研发成果直接获得效益和效果。

三、早期供应商参与的层次

根据供应商参与的程度和深度的不同，可以将早期供应商参与分为五个层次，见下表。

早期供应商参与的层次

层次	内容	内容详述
1	提供信息	这是早期供应商参与顾客产品开发的最低层次。通常只是根据企业的要求提供共享所必需的信息资料，如设备产能等信息供企业参考
2	设计反馈	针对企业的产品设计和开发情况，供应商会提出有关成本、质量、规格或生产工艺方面的改进意见和建议
3	零部件开发	供应商根据企业提出来的零部件要求，深入参与或独自承担相关零部件的设计和开发工作
4	部件或组件整体开发	在这一层次，供应商承担企业产品中较重要的部件或组件设计和开发的全部工作
5	系统开发	这是早期供应商参与顾客产品开发的最高层次。供应商必须根据企业产品的整体要求，完全承担整个系统的开发工作。早期供应商必须拥有产品开发的专业技巧或技能，允许顾客独家享有该产品技术共享与使用权，并对顾客产品设计和开发过程中所涉及的问题承担责任

四、早期供应商参与案例

【案例】

在电子行业，元器件和 IC 供应商参与早期产品开发已成为越来越多电子制造企业的迫切需求。

"可采购性设计策略"是电子行业对于采购提出的一个新策略。就是指在产品开发初期，选择具有伙伴关系的供应商，并让其成为新产品早期开发团队的重要组成部分。通过这种供应商参与早期产品开发的方式，新产品开发团队能对供应商提供的元器件和 IC 提出性能、规格等具体要求，借助供应商的专业知识来达到降低成本、提高产品质量、优化产品性能和缩短上市周期等目的，并为后续产品的生产和销售提供保障，实现产品利润最大化。

电子制造企业的可采购性设计策略涉及分析元器件和 IC 的规格、性能、价格，确定元器件和 IC 的付款条件、交期、供货能力和技术支持服务等各个方面。既需要电子制造企业的采购部门与设计部门的协同合作，也需要元器件和 IC 供应商的全力支持。因此，为了应对电子制造企业的可采购性设计策略。不少电子供应商也调整了销售策略，在销售元器件和 IC 的过程中充分考虑可采购性设计要求，并积极参与电子制造企业早期的产品开发。

例如某电视公司在产品开发初期，就由采购部门引导供应商参与新产品的早期开发。电视机芯方案的供应商会专门派遣技术小组参与新电视产品的开发与设计，配合设计部门完成早期开发工作。为了降低产品的开发成本，采购部门会同销售部门与设计部门共同分析并确定产品成本和产品功能。在执行可采购性设计策略的过程中，此公司设计部门、采购部门以及供应商都遵守"共同参与、定期协调、责任捆绑"的原则，保证了早期产品开发的进度和质量。

此公司的供应商某集成电路设计有限公司，从新产品立项开始，就参与了此公司产品的开发过程，并与制造企业设计部门合作，了解到新产品的性能规格和技术参数，提供符合要求的产品，并帮助系统制造商进行前期产品的相关测试和认证，提供完善的技术支持服务。

五、供应商早期参与的条件

由于供应商早期参与涉及战略合作问题，因此必须具备三个条件，如下图所示。

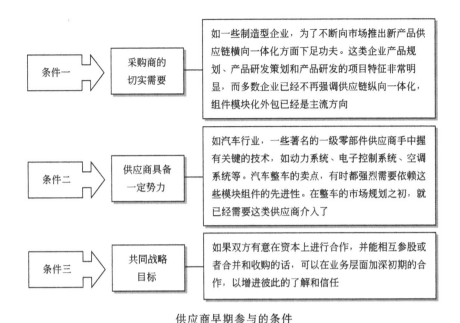

供应商早期参与的条件

第六节 集权采购降低采购成本

一、集权采购

(一) 一般意义上的集权采购

在一些集团公司或者政府部门,为了降低分散采购的选择风险和时间成本,除了一般性材料由分公司采购外,对于某些大型机电设备等由公司本部负责集权采购,也就是一般意义上的集权采购。

(二) 实际操作中的集权采购

但在实际的操作中,总公司为了压缩分公司的采购主动权,防止分公司与供应商串通,将所有的物料统一将由总公司集中采购,被称为集权采购。

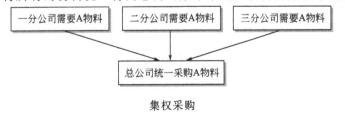

集权采购

二、集权采购的优点

集权采购有如下优点。

(一) 降低采购费用

共同利用搬运工具及仓库等而减少费用。

(二) 采购单价便宜

集中购买,供应商会提供价格优惠,使得物料的价格便宜。同时,采购准备的时间和费用减少,工作效率提高。

(三) 间接费用减少

物料采购所负担的间接费用包括订金、运输费、搬运费、质检费等,采购的数量越多,平摊到每一件物品的采购费就大大减少。

(四) 大量采购

材料价格可以随着采购批量的不同有很大的变化,根据联合采购企业的不同情况,汇集成大量采购;在不同的企业间,把部分同类零件标准化,转换成大量采购。

(五) 降低采购价

共同利用人力工资低的地区,或开工率不足的机器来制造产品,以进一步降低采购价。

(六) 采购成本

对于采购成本而言:

集权采购有利:

◎ 降低采购价格;

◎ 减少采购行政支出;

◎ 防止集团内部为了采购而相互提价。

三、集权采购的实施

实现集团采购业务集中管控的业务需求,集权采购包括以下几种典型模式的应用:集中定价、分开采购;集中订货、分开收货付款;集中订货、分开收货、集中付款;集权采购后调拨等运作模式。采用哪种模式,取决于集团对下属公司的股权控制、税收、物料特性、进出口业绩统计等因素,一个集团内可能同时存在几种集权采购模式,如下图所示。

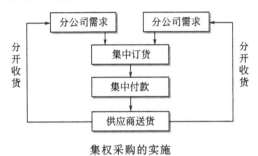

集权采购的实施

(一)集中订货、分开收货、集中付款模式

集团总部或采购公司负责管理供应商及制定采购价格等采购政策,并且负责采购订货工作。分支机构提出采购申请,总部集团进行汇总、调整,并根据调整结果下达采购订单,发收货通知单给分支机构;分支机构根据收货通知单或采购订单进行收货及入库;前者汇集后者的入库单进行与外部供应商货款结算,并根据各分支机构的入库单与分支机构分别进行内部结算。

(二)集权采购后调拨模式

集团总部或采购公司负责管理供应商及制定采购价格等采购政策,并且负责采购订货工作。分支机构提出采购申请,前者进行汇总、调整,并根据调整结果下达采购订单,总部集团完成后续的收货、入库、外部货款结算处理。之后,根据各分支机构的采购申请,总部集团启动内部调拨流程,制定调拨订单并作调拨出库,后者根据调拨订单作入库处理,两者最后作内部结算处理。

四、集权采购实施案例

【案例】

某手机厂商每年的全球采购费用达到180亿美元,但在公司内部设立有个人通讯、全球电讯方案、宽带通信、专业无线通信、半导体及集成电子系统六个事业部，每个部门都有采购权。由于权利过分下放，使得控制的难度加大。

2009年开始，变部门采购为集权采购，将有一个总的CPO（首席采购官）直接向COO汇报情况。

案例分析：

某手机厂商集权采购的优势体现在可以在基站、对讲机、手机等共用的部件上加大与供应商的谈判力度；同时也能就技术问题进行更好地沟通，从而降低了企业的采购成本。

【案例】

某集团是一家大型国际采购集团。由于该公司下属子公司很多，虽然有共同需求，但需求落地的时间区间不同。每次集团需要做采购预算，提前了解下属子公司的需求总量（估计），然后与供应商签订采购协议（无需精确到具体订单）。比如承诺1000万元的采购总额，以此来获得价格折扣和其他优惠条件。但是由于集团集权性不强，当子公司需求确实即将发生时而是没有选择上报给集团，各子公司打着集团的旗号各自向供应商采购。

因此，某集团内部各自争斗供应商资源，在内部大打价格战，某集团一时成了供应商的宠儿。但同时，由于内部价格争斗，也导致采购原材料比市价多一个百分点。由于企业的庞大，一个分公司多一个百分点，导致该企业年成本多付出了100多万元。

某集团管理层认识到问题严重性，集团随即成立了虚拟的采购监控中心，负责统一协调采购事宜，将管理采购预算、采购谈判等收归集团中心。各分公司仅留有采购跟单的权利。一年下来后，该集团采购原料价格降低了一个百分点，为该企业挽回了100多万元成本。

五、集权采购的雷区

在公司整合、经济一体化的形式下，分散采购无法体现规模效益和满足全球化的要求。但是，规划、运用不当，集权采购往往会弊大于利，其弊端如下：

（一）集权采购会引发集团部门利益矛盾

在集权采购的各个环节中，各部门会维护自己的利益而引发诸多矛盾。

（1）子公司、分部认为分散采购有供应商选择权，灵活度高，利于快速应变；集中采购虽可带来价格优惠，但灵活性低，损失可能更大。

(2) 设计部门为更快开发新产品,需要反应速度快,倾向于用小供应商。
(3) 生产部门希望质量、交货稳定,更倾向于大公司。
(4) 采购部门更看重价格,而价格最低的供应商往往难以满足设计部门的要求。

(二)集权采购必须把握度

1. 集权采购的度

集权采购的度,即一类物料,到底是全部归总部集权采购,还是适当授权,灵活处理。如何才能做到集中与灵活,总部与分部则需要一段时间的磨合和总结,不能期望一蹴而就。即使是模式定下来之后,随着采购额、供应商、合作方式、公司战略的变化等,也要及时调整集中与灵活的比例。

【案例】

集中采购不是铁板一块,也不是万能药

某公司原来是大型私营企业,目前与美国一家公司合资,全国有两个基地共8家工厂。公司3月份开始在集团成立采购中心,准备集中采购。等确定了组织架构后,接下来就是确定集权采购的对象。该公司大的原材料就几百种,需要经过详细的数据分析、现场访问才能敲定集中对象,不是老总们拍脑袋就能定的。

该公司是食品行业,大宗物料比如粮食占采购额的20%。每年的采购额为几亿元。按理说这类采购项应该集团统一采购,但实际上采购渠道有三种:一是和中央直属粮库签大合同;二是和当地私营个体户签小合同;三是当地农户直接往工厂送。三级合同相结合,既有集中,又有灵活,较好地兼顾了总部的价格要求和工厂的灵活性需求,避免了集权采购铁板一块、从极端分散向极端集中单方向移动。

但是,真正头痛的是一些零散物料,例如生产车间用的五金零配件。一种方式是整体外包,找一个有实力和专业的五金供应链管理公司来实行集团采购。但是这类公司不愿意做此类五金配件等,虽说这些杂七杂八的物品,每年也有数千万的采购额,但是品种太多、量相对小、规模效益不明显。如果找个当地的小五金商店,他们又缺乏资金实力和供应链管理能力,加上路途比较远,管理起来会比较麻烦。所以该公司暂时保留基地采购的做法,等机会成熟后再探讨集团统一采购的可行性。

2. 集权采购的组织架构

集权采购的组织架构、具体做法,则取决于要实现的目标、任务、公司文化和整体组织结构。例如有的公司采用委员会的方式,由采购、设计、生产等关键部门组成委员会，就具体的采购对象决定集权采购的方式；有的公司则由采购额最大的那个子公司或分部牵头，协调别的分部；有的公司则成立公司层面的集权采购部，把供应商选择、合同权全部收归公司层面，分公司只有执行权。

第七节　招标采购降低成本

一、招标采购

（一）定义

所谓招标又称公开竞标，它是现行采购方法常见的一种。这是一种按规定的条件，由卖方投报价格，并择期公开当众开标，公开比价，以符合规定的最低价者得标的一种买卖契约行为。

（二）特点

此类型的采购具有自由公平竞争的优点。可以使买者以合理的价格购得理想物料，并可杜绝徇私、防止弊端。不过手续较繁、费时，对于紧急采购与特殊规格的货品无法适用。

举例：比如 A 想要购进一批设备，他让招标公司来替他招标。立即把全国生产这种设备的厂家召集起来，把价格比较一下选价格最低的那个厂家作为供应商，如下图所示。

招标采购

二、招标采购的成本意义

招标采购适用于政府机关、大型的集团公司采购，招标采购有如下特点。

招标采购不需采购组织花费精力与时间去市场开发供应商，而是供应商会亲自上门，在一个公开的环境下招标采购，让供应商公开论价比价，方便采购组织寻找到最低采购价格的采购品；同时也防止了采购员与供应商的私下作业。

因此招标采购对于采购成本来说：

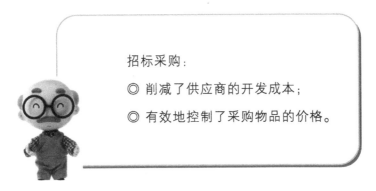

招标采购：

◎ 削减了供应商的开发成本；

◎ 有效地控制了采购物品的价格。

三、招标采购的实施

招标采购必须按照规定作业程序来进行。一般而言，招标采购的流程可分为：发标、开标、决标、签订合约四个阶段，如下图所示。

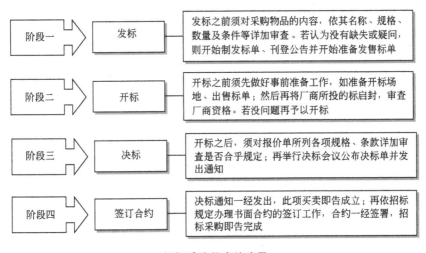

招标采购的实施步骤

四、招标书

（一）订定标书的原则

在整个招标采购的过程中，最重要的是标书的订定。理想的标书必须具备三原则，即具体化、标准化、合理化三项基本原则。否则整个标购工作将弊端丛生，前功尽弃。因此如何拟订出一份理想标书，是招标标购作业中不可忽视的一项重要基础工作。

（二）招标书的特质

一份理想的标书，至少须具备下列几项特质。
（1）能够拟定适当的标购方式，不要指定厂牌开标。
（2）规格要明确，对于主要规格开列须明确，次要规格则可稍富弹性。
（3）所列条款务必具体、明确、合理，可以公平比较。
（4）投标须知及合约标准条款，能随同标单发出，内容订得合情合理。
（5）标单格式合理，发标程序制度化、有效率。

（三）招标书的格式

招标书的格式严格，一般而言，标书的格式有两大类：即三用式标书与二用式标书两种。其中以前者用途较广，也较为人所沿用。所谓三用式标书是指一份标书中包括：招标书、投标书及合约三种。买方将拟采购的物品名称、规格、数量、条款等列在招标书中，而投标厂商将其所报价格及条件分别填在投标书各栏及价格栏后签章投入标箱，经买方审核认可，将合约各栏予以填注，并经负责人签章后即构成合约。

五、招标采购案例

【案例】

某供应商C接到W公司打来电话，说要购买10台笔记本电脑；不久又接到W公司总部电话询问100台电脑的价格，其中有10台是笔记本电脑。于是他们分别咨询了型号和配置的详细情况。供应商了解到这家公司2009年有大的采购项目，频频添置新设备。于是就立即派人员到W公司总部。

后来，供应商C感觉到W公司整体的采购毫无章法、权利浪费、价格五花八门、没有任何优势。决定在这次供货后，放弃以后的合作。

供应商C在供货后，提出采购管理疑问，提出招标采购的看法，并表示出不愿意继续合作的意向。此时，W公司幡然醒悟，从采购上作出了改善。首先由使用人提出采购申请，提交需求的数量、型号和报价。所有申请由部门经理根据预算批准后，再交财务总监批准。然后统一交由IT部门汇总，再根据公司有关的采购规定和工作需要来决定配备的机型、配置、操作系统、软件和品牌。W公司采购部根据汇总的数量、金额及具体要求，决定竞标的名单。IT部门提交竞标内容，采购部组成招标委员会或评标小组，邀请IT部门经理、工程师参加评审。

采购部按采购流程开展采购活动，与参加投标的供应商分别地一一谈判。不仅仅是价格，也包括售后服务、交货和索赔的条款、升级服务等。

评标委员会按事先商定的评定标准，评判参加投标的供应商，推出中标者，向中标者发出中标通知、向败标者发出感谢信。采购部与中标方签署合同，监督供应商的供应。

结果W公司的供应商会得到一个公平的竞争环境，采购员的谈判能力及IT经理的专业能力也相应地得到了提升。同时，W公司也获得了采购部门努力换来的竞争优势，即较低的合理价格、良好的售后服务、升级承诺及供应商的及时信息反馈。最后，W公司的钱被好钢用在刀刃般地花出去发挥其最大作用了。最重要的是W公司认识到招标采购不仅有效地降低了采购成本，还把采购部门变成了成本控制和利润的中心。

第八节　采购成本控制A、B、C法

一、物料ABC法

（一）定义

ABC分类法对于采购库存的所有物料，按照全年货币价值从大到小排序，然后划分为三大类，分别称为A类、B类和C类。A类物料价值最高，受到高度重视，处于中间的B类物料受重视程度稍差，而C类物料价值低，仅进行例行控制管理。

（二）分类原则

ABC分类法的原则是通过放松对低值物料的控制管理而节省精力，从而可以把高值物料的库存管理做得更好，如下图所示。

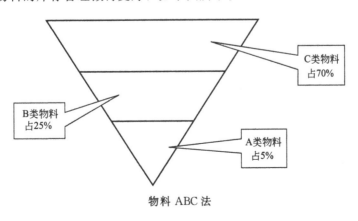

物料ABC法

二、ABC 分类标准

(一) ABC 物资的总金额和品种

在企业物料存储中：
(1) A 类物资在总金额中占 75%～80%，而品种仅占 10% 以下；
(2) B 类物资在总金额中占 10%～15%，品种占 10%～15%；
(3) C 类物资在总金额中仅占 5%～10%，而品种却占 75% 以上。

(二) ABC 物资的库存管理法

根据 ABC 分类的结果可以采取不同的库存管理方法。
(1) 对 A 类物资应重点管理，严加控制，采取较小批量的定期订货方式，尽可能降低库存量。
(2) 对 C 类物资采用较大批量的定量货方式，以求节省手续，留出精力管好重要物资。而对 B 类物资则应根据情况区别对待，如下图所示。

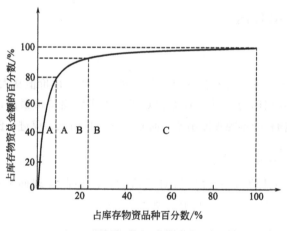

ABC 物资的库管理法

三、ABC 分类的采购

(一) A 类材料的采购

1. 采购形式

对占用资金多的 A 类材料必须严格采取定期订购，订购频率可以长久一些，同时要进行精心管理。A 类材料采用定货的形式。

2. 采购方式

采购方式采取询价比较采购、招标采购。这样能控制采购成本，保证采购质量。采购前，采购人员做好准备工作，进行市场调查，货比三家。对大宗材料、重要材料要签订购销合同。材料进场必须通过计量验收，对材料的质量报告、规格、品种、质量、数量，认真验收合格后入库，进行货款结算材料计划的检查与调整，做到及时、有效地纠正偏差。

（二）B类材料的采购

1. 采购渠道

对于批量不是很大的常用材料和专用物资，订货渠道采取定做及加工改制，主要适应非标准产品、专用设备等。加工改制包括带料加工和不带料加工。

2. 采购方式

采购方式可采取竞争性谈判。采购方直接与三家以上的供货商或生产厂家就采购事宜进行谈判，从中选出质量好、价格低的生产厂家或供货商。

3. 订货方式

订货方式可采用定期订货或定量订货。B类材料虽无需像A类材料那样进行精心管理，但其材料计划、采购、运输、保管和发放等环节管理，要求与A类材料相同。

（三）C类材料采购

1. C类材料特点

C类材料是指用量小、市场上可以直接购买到的一些物资。这类材料占用资金少，属于辅助性材料，容易造成积压。

2. 进货渠道、订货方式

进货渠道可采用市场采购，订货方式采用定量订货。必须严格按计划购买，不得盲目多购。采购人员要认真进行市场调查，收集采购材料的质量、价格等市场信息，做到择优选购。材料保管人员要加强保管与发放，要严格领用手续，做到账、卡、物相符。

（四）材料ABC分类管理作用

材料ABC分类管理，是保证产品质量、降低材料消耗、杜绝浪费、减少库存积压的重要途径。无论是A类材料，还是B、C类材料，只有认真做好材料的计划、采购、运输、储存、保管、发放、回收等环节的管理工作，同时要根据不同的材料采取不同的订货渠道和订货方式，才能及时准确、有效地做好材料质量与成本控制，才能达到节约成本、提高经济效益的目的。

第九节 Lot for Lot（按需订货）降低成本

一、Lot for Lot 采购

（一）定义

Lot for Lot 中文含义叫做按需订货，是属于 MRP 的一种订货技术，生成的计划订单在数量上等于每个时间段的净需求量，是有效避免采购过多、采购不足的一种方法，也是有效避免采购成本增加的一种方法。目前大多数生产企业均采用该种订货方式。

（二）计算模式

其计算模式是：

净需求量＝生产订单需求量－（现有库存量＋在途采购量）

例如：某生产收音机企业的外购需求情况见下表。

某生产收音机企业的外购需求情况

订单名称	产品名称	需要量/个	下单时间	交货时间
广州明华01单	电子	1000	1月1日	2月1日
广州明华01单	电子	8000	1月1日	3月1日
广州明华01单	天线	500	1月1日	2月1日
澳门水杉01单	天线	3000	1月1日	2月1日
四海科技01单	电子	2000	1月1日	2月1日
四海科技01单	天线	4000	1月1日	2月1日

该企业没有电子与天线的生产线，因此需要外购。如果该产品的生产期限是周期一个月，目前库存量是电子 5000 个、天线 3000 个，则 MRP 的计算如下。

1. 在1月份电子需求是：

广州明华 01 单的 1000 个＋四海科技 01 单 2000 个－前库存量是电子 5000 个＝－2000 个

因此 1 月份没有必要实施电子采购。

2. 在1月份天线需求量是：

广州明华 01 单的 500 个＋四海科技 01 单 4000 个－前库存量是电子 3000 个＝1500 个

因此 1 月份天线需求量是 1500 个。

利用 MRP 实施按需订货可以准确地计算出在一段时间内的净需求量。上面的例子过于简单，因为现实企业操作中，订单每时每刻都在增加，采购需求也在不断地变化。而利用 MRP 技术，实施按需订购则是一个比较科学的方式。

二、按需订货的前提

为了保证 MRP 数据的准确性，实施按需订货需要两个前提。

（一）库存数据必须准确

采购需求是订单总需求与库存需求的差值。总需求数据是来自订单直接数据，而库存数据是来自企业仓储内部。库存数据的准确性是目前大多数企业的一个弱点，利用良好的仓库管理技术，可以保证库存数据正确和按需订货的前提。

（二）确定阶段时间

按需订货必须确定采购阶段时间，也就是常说的采购周期合并法。采购周期见下表。

某企业采购需求

订单名称	配件名称	需要量/个	采购到位时间	下单时间
明华01单	电子	1000	1月10日	2月1日
成华01单	电子	8000	1月20日	2月5日
明华01单	天线	500	1月11日	2月8日
水杉01单	天线	3000	1月12日	2月2日
高科01单	电子	2000	1月18日	2月1日
兴科01单	天线	4000	1月20日	2月10日

据一般企业情况：为了减少搬运量，采购的周期常用一周来作为采购衡量标准。如1月10日～1月17日之间的采购订单可以合并到1月10日完成。

也就是说：在1月10日电子需求量＝明华01单1000个

在1月11日天线需求量＝明华01单500个＋水杉01单3000个

在1月18日电子需求量＝水杉01单3000个＋成华01单8000个

在1月20日天线需求量＝兴科01单4000个

第十节　固定期采购控制成本

一、何谓定量采购

所谓定量采购控制法指当库存量下降到预定的最低库存数量（采购点）时，

按规定数量（一般以经济批量 EOQ 为标准）进行采购补充的一种采购成本控制方式（如下图所示）。当库存量下降到订货点（也称为再订货点）时马上按预先确定的订货量发出货物订单，经过交纳周期（LT），收到订货，库存水平上升。其常用于零售企业。

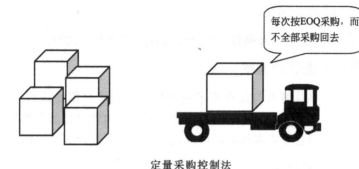

定量采购控制法

二、定量采购的优点

（一）掌握库存量

由于每次订货之前都要详细检查和盘点库存（看是否降低到订货点），才能及时了解和掌握商品库存的动态。因每次订货数量固定，且是预先确定好了的经济批量，方法简便。

（二）保证流动资金

由于定量采购不会一次性积压太多的资金，从而保证了现金流的畅通。

三、定量采购的缺点

（一）占用库存

经常对商品进行详细检查和盘点工作量大且需花费大量时间，从而增加了库存保管维持成本。

（二）运输成本大

该方式要求对每个品种单独进行订货作业，这样会增加订货成本和运输成本。定量订货方式适用于品种数目少但占用资金大的商品。

四、定量采购的实施

(一) 适用范围

定量采购订货方式适用于产品数量少、占用资金量大的物品。

(二) 采用采购控制法必须预先确定订货点和订货量

1. 订货点

通常采购点的确定主要取决于需求率和订货、到货间隔时间这两个要素。在需要固定均匀和订货、到货间隔时间不变的情况下，不需要设定安全库存，订货点由下式确定。

$$订货点 = 变动周期 \times 每年的需要量 / 365$$

当需要发生波动或订货、到货间隔时间是变化的情况时，订货点的确定方法则较为复杂，且往往需要安全库存。

2. 订货量

订货量通常依据经济批量方法来确定，即以总库存成本最低时的经济批量（EOQ）为每次订货时的订货数量。

第十一节　固定批量采购控制成本

一、定期采购的含义

(一) 定义

定期采购是指按预先确定的订货间隔期间进行采购补充库存的一种方式。企业根据过去的经验或经营目标预先确定一个订货间隔期间。每经过一个订货间隔期间就进行订货，每次订货数量都不同。在定期采购时，库存只在特定的时间进行盘点，例如每周一次或每月一次，如下页图所示。其常用于零售企业。

(二) 定期采购的目的

当供应商走访顾客并与其签订合同或某些顾客为了节约运输费用而将他们的订单合在一起的情况下，必须定期进行库存盘点和订购。另外一些公司采用定期采购是为了促进库存盘点。例如，销售商每两周打来一次电话，则员工就明白所有销售商的产品都应进行盘点了。

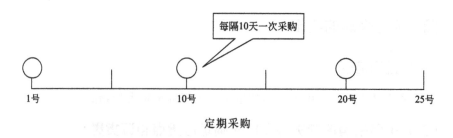

定期采购

(三) 定期采购的定购量

在定期采购时，不同时期的订购量不尽相同，订购量的大小主要取决于各个时期的使用率。它一般比定量采购要求更高的安全库存。定量采购是对库存连续盘点，一旦库存水平到达再订购点，立即进行订购。相反地，标准的定期采购模型是仅在盘点期进行库存盘点。这就有可能在刚订完货时由于大批量的需求而使库存降至零，这种情况只有在下一个盘点期才被发现，而新的订货需要一段时间才能到达。这样，有可能在整个盘点期和提前期会发生缺货。所以安全库存应当保证在盘点期和提前期内不发生缺货。

二、定期采购的优点

定期采购的优点如下图所示。

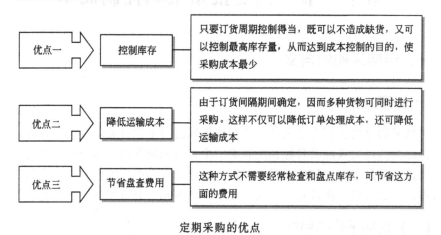

定期采购的优点

三、定期采购的缺点

定期采购的缺点如下。

（一）不能掌握库存动态

由于不经常检查和盘点库存，对商品的库存动态不能及时掌握，遇到突发性的大量需要，容易造成缺货现象带来的损失。因而为了应对订货间隔期间内需要的突然变动，往往库存水平较高。

（二）耗用流动资金

一旦采购品种数量少、占用资金大的产品，那么企业流动资金就会出现紧张。

四、定期采购的实施

（一）适用范围

定期采购仅适用于产品数量大、占用资金较少的商品；对于产品数量小、占用资金较少的商品最好采用不定期采购。

（二）如何计算订货量

采购周期也可以根据具体情况进行调整。例如：根据自然日历习惯，以月、季、年等确定周期；根据供应商的生产周期或供应周期进行调整等。定期采购方式中订货量的确定方法如下：

订货量＝最高库存量－现有库存量－订货未到量＋顾客延迟

第十二节　经济性批量采购成本法

一、经济性批量

经济性批量是针对上述成本问题而提出来的，经济订货批量（Economic Order Quantity，EOQ）是使订单处理和存货占用总成本达到最小的每次订货数量（按单位数计算）。订单处理成本包括使用计算机时间、订货表格、人工及新到产品的处置等费用。占用成本包括仓储、存货投资、保险费、税收、货物变质及失窃等。无论大小都可采用 EOQ 计算法（如下页图所示）。订单处理成本随每次订货数量随单位数平摊的增加而下降（因为只需较少的订单就可买到相同的全年总数），而存货成本随每次订货数量的增加而增加（因为有更多的商品必须作为存货保管，且平均保管时间也更长）。这两种成本加起来就得到总成本曲线。

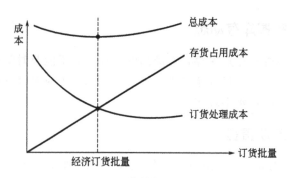

经济性批量

由于需求、价格上涨、数量折扣及可变的订货成本和维持成本等方面的变化，必须经常修订 EOQ。

二、经济性订货点计算

对企业而言，在进行采购时，其经济的订货数量如何求取非常关键。为了解决这一问题，采购员应备有若干计算经济订货量的公式，按照这些公式就无需靠经验或感觉来决定经济的订货数量。

一般的经济订货量的公式：

$$\text{经济性订购量 EOQ} = \sqrt{\frac{2 \times \text{年需要量} \times \text{订货成本}}{\text{库存管理费用率} \times \text{单价}}}$$

用数学公式表示，经济订货批量为：

$$EOQ = \sqrt{\frac{2DS}{IC}}$$

式中　EOQ——每次订货数量，以数量计；
　　　　D——年需求量，以数量计；
　　　　S——订货成本，以金额计；
　　　　I——年存货成本占单位成本的百分比，%；
　　　　C——商品的单位成本，以金额计。

【案例】

某超市估计每年能销售 15000 套电动工具。这些工具每件成本为 900 元。损坏、保险费、呆账及失窃等费用等于这些工具成本的 10%（或每件 90 元）。单位订货成本为 250 元。其经济订货批量为：

$$EOQ = \sqrt{\frac{2 \times 15000 \times 250}{0.10 \times 900}}$$

$$= \sqrt{\frac{7500000}{90}}$$

$$= 290 \text{（元）}$$

三、案例分析

【案例】

某水塔负责小区居民的供水,一年有1000吨的用水量。每吨水的价格1元、每吨水的保管费用平均为一年0.1元、每次水泵抽水至水塔需要费用2元,那么根据这些数据,想到的结论是什么呢?那就是这个水塔要建立多大、每隔多长时间送一次水以及一年的总费用是多少。

年需求量为1000吨。

订货成本:每吨水的价格1元,即需要1000元。

商品的单位订货成本:每吨水的价格1元。

管理成本费:每吨水的保管费用平均为一年0.1元。订货成本为1000吨,即订货成本为1000元。所以可以得知年存货成本占单位成本的百分比为9%。

$$EOQ = \sqrt{\frac{2 \times 1000 \times 1000}{0.90}} = 471 \text{（吨）}$$

所以经济性批量为471吨。

因此:每年至少要送两次水,该水库至少要能够装下471吨水,意思就是说订货成本必须加上送水成本。

四、EOQ适用范围

其适用范围如下。

◆ 该物品成批地,或通过采购或通过制造而得到补充,它不是连续地生产出来的。

◆ 销售或使用的速率是均匀的,而且同该物品的正常生产速率相比是低的,因而产生显著数量的库存。

五、不足和缺陷

伯比奇教授在其 1978 年的著作《生产管理原理》中，对经济批量提出的批评大致如下。

◆ 它是一项鲁莽的投资政策——不顾有多少可供使用的资本，就确定投资的数额。

◆ 它强行使用无效率的多阶段订货办法，根据这种办法所有的部件都是以不同的周期提供的。

◆ 它回避准备阶段的费用，更谈不上分析及减低这项费用。

◆ 它与一些成功的企业经过实践验证的工业经营思想格格不入。

似乎那些专心要提高库存物资周转率，以期把费用减少到最低限度的公司会比物资储备膨胀的公司获得更多的利益。其他反对意见则认为：最低费用的订货批量并不一定意味着就获利最多。此外，许多公司使用了经另一学者塞缪尔·艾伦教授加以扩充修订的经济批量法之后认为，在他们自己的具体环境条件下，该项方法要求进行的分析本身就足够精确地指明这项方法的许多缺点所在，而其他方法则又不能圆满地解决它们试图要解决的问题。

附 录
采购专业常用英语

◆ 一、英文缩写对照

◆ 二、英语术语对照

◆ 三、应用英语范例

一、英文缩写对照

缩　写	全　拼	中文含义
R&D	Research & Design	研发
APS	Automated Purchasing System	自动采购系统
CAD	Computer Automated Design	计算机辅助设计
EDI	Electronic Data Interchange	电子数据交换系统
ERP	Enterprise Resource Planning	企业资源计划
ANX	Automotive Network Exchange	自动网络交换
CPO	Chief Procurement Officers	采购总监
CPE	Collaborative Planning and Execution	合作计划和执行
TCA	Total Cost of Acquisition	总获取成本
CPFR	Collaborative, Planning, Forecasting, Replenishment	合作、计划、预测、补充
SCM	Supply Chain Management	供应链管理
VMI	Vendor Managed Inventory	卖方管理库存
VMR	Vendor Managed Replenishment	卖方管理补货
SCOR	Supply Chain Operations Reference	供应链管理指南
LEW	Least Ex Works	最小离岸价
MOM	Markup Overcoat Model	成本变动
3PL	Third Party Logistics	第三方后勤服务
MRP	Material Requirements Planning	物料需求计划
CIO	Computer Information Officers	信息主管
PDCA	Plan-Do-Check-Action Cycle	计划-实施-检查-行动循环
EXW	Ex Work	(生产厂家)工厂交货(价)
FCA	Free Carrier	离厂(价)
FAS	Free Alongside Ship	码头(船头)交货(价)
FOB	Free On Board	离岸(价)
CPT	Carriage Paid To	目的地(不含保险)交货(价)
CIP	Carriage and Insurance Paid to	目的地(含保险)交货(价)
C&F	Cost and Freight	到岸(不含保险)交货(价)
CIF	Cost, Insurance, Freight	到岸(含保险)(价)
DAF	Delivered At Frontier	关前交货
DES	Delivered Ex Ship	到岸船上交货(价)
DEQ	Delivered Ex Quay	到岸码头交货(价)
DDU	Delivered Duty Unpaid	送货上门(不含进口关税)(价)
DDP	Delivered Duty Paid	送货上门(已付进口关税)(价)

二、英语术语对照

英 文	中 文	英 文	中 文
Abate a Price	还价	Absolute Profit	纯利
Absorption	(公司的)合并	Acceptance	承兑
Accounts Payable	应付账款	Accounts Receivable	应收账款
Administration	(行政)管理	Advance by Overdraft	透支
Advance Payment	预付款	Agenda	议事日程
Agent	代理人	Airfreight	空运
Allocation	拨款,分配,调拨	Appraisal	估价,评价,鉴定
Appropriation	分拨	Assembly	装配,组装
Assess a Tax	征税	Assets	资产
Assignment	转让	At Par	评价
Auction	拍卖	Be in Exact Accordance with	完全一致
Bear	负担,承担	Beat (a) Bargain	还价
Bedrock Price	最低价	Binding Force	约束力
Bindings	约束	Book	账簿,预定
Book Balance	账面余额	Booking Note	订舱单,托运单
Break (of) Engagement	解约,违约,作废	Business Line	经营范围
Business Negotiation	洽谈业务	Buy-back Deal	回购交易
Charge Free	免费	Charge Sales	赊售,赊销
Clear Profit	净利	Close a Bargain	成交,订约
Close an Account	结算,清账;(清账后)停止赊购	Commitment	承诺
Common Bargaining	共同议价	Conclude a Contract/Treaty	订约
Conclude Business	成交	Consideration	要约,对价
Consign	委托;发送;寄售	Day of Maturity/Due Date	到期日
Day of Reckoning	结账日	Day Trade	当日交易
Dead Loss	净损失	Decentralize	分权,放权
Default	违约,拖欠,不履行债务	Square Deal	公平交易
Stagnation	萧条,停滞	Statement	报表,清单,结单
Storage and Transportation	储运	Strategy	战略,策略
Strike a Balance	结账,结算	Strike a Bargain	成交,定约
Sundry Charges	杂费	Supply Choice Goods at Honest Prices	货真价实
Surcharge	附加费	Survey Sampling	抽样调查
Tangible/Visible Fixed Assets	有形固定资产	Tangible Goods	有形货物
Target Cost	目标成本	Target Customers	目标顾客
Tariff Bargaining	关税讲价,关税税率谈判		

三、应用英语范例

1. A. M. Business is closed at this price.
交易就按此价敲定。

2. Your price is acceptable (unacceptable).
你方价格可以（不可以）接受。

3. Your price is realistic (unrealistic).
你方价格合乎实际（不现实）。

4. Your price is prohibitive.
你方价格高得令人望而却步。

5. We're to file a claim on you.
我们不得不向贵方提出索赔。

6. This consignment was not up to your own standard.
这批货没有达到你们自己的标准。

7. If we were at fault, we should be very glad to compensate for your losses.
如果责任在我方，我们当然乐于赔偿你方损失。

8. We trust you will do your best to have this matter straightened out at once.
我方信任你方会立即尽力处理好此事。

9. I'm well acquainted with local conditions and have excellent business connections.
我非常熟悉当地条件，有极好的业务关系。

10. We regret your demands are so harsh that we cannot accept them.
你方要求的条件如此苛刻，我方无法接受。

11. If sales cannot be improved, we are afraid that we shall be left with no choice but to discontinue our business with you.
如果销售得不到改进，我们恐怕只好停止和你们的生意。

12. What commission would you expect for regular purchase?
作定期采购你需要多少佣金？

13. We're very interested in this bid, and we will do our best to win the award.
我们对这次招标非常感兴趣，我们一定会尽全力争取得标。

14. That sounds reasonable, do you think we can win the tender?
这听起来很合理，你认为我们会得标吗？

15. As our prices are competitive enough, we hope to be successful in this tender.
我们的价格很有竞争性，所以我希望此次投标能获得成功。

16. It all depends on the efficiency of your company.

这完全取决于贵公司的效益。

17. I think you can win the tender.

我认为贵方能得标。

18. Shall we conduct compensation trade?

我们能否进行补偿贸易?

19. We're short of foreign exchange at the moment.

眼下我们缺少外汇资金。

20. Compensation trade is a kind of loan.

补偿贸易是一种贷款。

21. We can get necessary technology and equipment on credit.

我们可以通过贷款方式得到必要的技术和设备。

22. We agree to complete the payment within 2 years.

我们同意两年内付清贷款。

23. Is it possible to compensate by other products under compensation trade arrangement?

在补偿贸易安排下,可以用其他产品偿付吗?

24. We hope you will let us have an outline of your proposal so that we can make a preliminary evaluation of the economic feasibility of your proposal.

我们希望得知你方建议的要点,以便我们对你方建议的经济可行性做出初步的估计。

25. What do you think the proposal that we supply you with the assembly line, technical information, testing instrument and complete sets of component parts for you to assemble them into finished products?

你方对我方向你们提供装配线、技术资料、测试仪器和成套的零部件,由你方装配成成品的建议是否有兴趣?

26. We agree to pay for the equipment and technology by installments with the processing fees payable to us.

我们同意用我们的加工费来分期支付设备和技术的价款。

27. As to the rate of spoilage of the raw materials, it's rather difficult for us to make a close estimate at the present stage of trial manufacture.

至于原材料的损耗率,我们很难在试产阶段做出精确的估计。

28. If you should fail to supply the raw materials in time, all losses incurred shall be borne by you.

如果你方没能及时供应原料,由此产生的所有损失均由你方负担。

29. Tax exemption or reduction will allow you at least 5% more profit.

免税或减税至少可使贵公司多获取5%的利润。

30. If you have no objection, let's come to the technical matters.
如果你方不反对,就让我们来洽谈技术问题。

31. To be on the safe side, we insist on the payment by L/C.
为保险起见,我们坚持采用信用状付款。

32. Can we make the payment by L/C after sight?
我们能否采用远期信用状付款?

33. We can't make you such a concession. We believe that the 5% interest rate is quite reasonable.
在这个问题上,我方不能让步,我方认为5%的利率是完全合理的。

34. Everything else is negotiable, but the problem for this deal is that we need a large deposit.
其他都好说,但这笔生意需要一笔很大的定金。

35. The damage may have been caused by many factors.
损坏或许是由许多因素造成的。

36. Your logo shall be allowed for using in advertisement by us.
你们的标志应允许我们在广告中使用。

参考文献

[1] 滕宝红编著.采购经理作业流程管理与实用工具.北京:电子工业出版社,2006.
[2] 滕宝红主编.采购主管日常管理工作技能与范本.北京:人民邮电出版社,2007.
[3] 罗伟钊编著.采购经理岗位职业技能培训教程.广州:广东经济出版社,2007.
[4] 李恒芳,廖小丽主编.优秀采购员手册(白金版).广州:广东经济出版社,2009.
[5] 李明奎,王生平主编.采购管理简单讲.广州:广东经济出版社,2006.
[6] 《制造业内训教程》编委会主编.采购作业管理.广州:广东经济出版社,2006.
[7] 郝惠文,段青民主编.采购主管必读手册.深圳:海天出版社,2007.
[8] 郝惠文,段青民主编.采购员必读手册.深圳:海天出版社,2007.
[9] 杨春主编.沃尔玛采购与物流配送.深圳:海天出版社,2007.
[10] 赵永秀编著.完全谈判手册.深圳:海天出版社,2005.
[11] 傅利平主编.进料检验与供应商管理.深圳:海天出版社,2003.
[12] 李胜强,李华编.物料采购365.深圳:海天出版社,2004.
[13] 徐哲一,武一川主编.采购管理10堂课.广州:广东经济出版社,2004.
[14] 徐昭国编著.采购主管一日通.广州:广东经济出版社,2004.
[15] 郝渊晓,张鸿,马健诚主编.采购物流学.广州:中山大学出版社,2007.
[16] 刘志超主编.商务谈判=BUSINESS NEGOTIATION.广州:广东高等教育出版社,2006.
[17] 王槐林主编.采购管理与库存控制.北京:中国物资出版社,2004.
[18] 胡松评著.企业采购与供应商管理七大实战技能.北京:北京大学出版社,2003.
[19] 朱新民,林敏晖主编.物流采购管理.北京:机械工业出版社,2004.
[20] 谢勤龙,王成,崔伟编著.企业采购业务运作精要.北京:机械工业出版社,2002.
[21] 福友现代实用企管书系编委会.企业管理制度精选.厦门:厦门大学出版社,2001.
[22] 梁世翔主编.采购实务.北京:人民交通出版社,2005.
[23] 王忠荣主编.采购管理手册.广州:广东经济出版社,2001.
[24] [日]山鸟津司著.现代采购管理全书.柯三元译.台北:中华企业经营管理公司,1999.